# Hoy

## DIOS QUIERE QUE SEPAS

*Inspiración para el alma de la mujer*

©2013 por Casa Promesa

Impreso ISBN 978-1-62416-716-4

Ediciones eBook:
Edición Adobe Digital (.epub) 978-1-62836-275-6
Edición Kindle y MobiPocket (.prc) 978-1-62836-276-3

Título en inglés: *Today, God Wants You to Know*
©2013 por Barbour Publishing, Inc.

Las citas bíblicas marcadas (RVR1960) son de la Reina-Valera © 1960 Sociedades Bíblicas en América Latina; © renovado 1988 Sociedades Bíblicas Unidas. Usadas con permiso.

Las citas bíblicas marcadas (NTV) son de la Santa Biblia, Nueva Traducción Viviente , © Tyndale House Foundation, 2010. Todos los derechos reservados.

Las citas bíblicas marcadas (NVI) son de la Santa Biblia, Nueva Versión Internacional® Copyright © 1999 Bíblica, Inc.® Usadas con permiso.

Las citas bíblicas marcadas (PDT) son de Santa Biblia: La Palabra de Dios para Todos Copyright: © 2005, 2008, 2012 Centro Mundial de Traducción de La Biblia © 2005, 2008, 2012 World Bible Translation Center.

Desarrollo editorial: *Semantics, Inc.* P.O. Box 290186, Nashville, TN 37229
semantics01@comcast.net

Publicado por Casa Promesa, P. O. Box 719, Uhrichsville, Ohio 44683,
www.casapromesa.com.

*Nuestra misión es publicar y distribuir productos inspiradores que ofrezcan valor excepcional y motivación bíblica al público.*

Member of the
Evangelical Christian
Publishers Association

Impreso en Estados Unidos de América.

# Hoy

## DIOS QUIERE QUE SEPAS

*Inspiración para el alma de la mujer*

inspiración para la vida
## CASA PROMESA
Una división de Barbour Publishing, Inc.

## Su fidelidad

### Tina C. Elacqua

*Le pido a Dios, fuente de esperanza, que los llene
completamente de alegría y paz, porque confían
en él. Entonces rebosarán de una esperanza
segura mediante el poder del Espíritu Santo.*

ROMANOS 15.13 NTV

En nuestras vidas ocupadas y aceleradas, hay
momentos en los que podemos sentirnos
exhaustos. Nuestra cultura fomenta el frenesí e
ignora la necesidad de descanso y restauración.
Apagar fuegos de forma constante y cumplir con
las tareas, trabajar incesantemente, pueden llegar
a desalentarnos y a desanimarnos con respecto a
la vida. Pero esta consiste en mucho más que esto,
¿no es así?

Nuestro Dios de esperanza dice: ¡Sí! Él desea
llenarnos de gozo y paz hasta rebosar. No obstante, para recibir esta alegría, este descanso y esta
tranquilidad es necesario que tengamos fe en el

Dios que merece nuestra confianza y que afirma: «Todo es posible si uno cree» (Mr 9.23 ntv). Tenemos que depositar nuestra certeza en él, porque a su tiempo y por medio de nosotros cumplirá esa tarea, recompondrá esa relación o realizará aquello que sea necesario. La clave para recibir y vivir una vida de esperanza, gozo y paz está en recordarte a ti misma su fidelidad en voz alta, en el silencio de tu corazón, y también a los demás. Cuando empieces a sentir el desaliento, el agotamiento, y que ya no puedes más, detente; acude al trono de la gracia y trae a tu memoria la fidelidad de Dios.

*Dios de esperanza, traigo a mi memoria tu fidelidad para conmigo. Te ruego que me llenes de tu gozo y tu paz, porque creo que tú todo lo puedes. Amén.*

# EL CONSUELO DE UNA AMIGA

## TINA C. ELACQUA

*El perfume y el incienso alegran el corazón, y el dulce
consejo de un amigo es mejor que la confianza propia.*
PROVERBIOS 27.9 NTV

Cuando una piensa en la palabra consuelo,
¿qué viene a la mente? Tal vez unos jeans
favoritos o una sudadera desgastada. Podría ser
chocolate o unos macarrones gratinados, alimentos que le confortan a una en un tiempo difícil. O
quizá sea un lujoso baño de burbujas, acompañado
de velas y música relajante.

Aunque todas estas cosas pueden aportar un
alivio temporal, la Palabra de Dios nos dice que
hallar el verdadero consuelo es tan sencillo como
abrir tu corazón a una amiga. Ya sea tomando un
café, un postre o incluso por teléfono, una amistad
querida te puede ofrecer el aliento y el consejo
dirigido por Dios que todos necesitamos de vez en
cuando.

Las amistades cuyo centro es Cristo son relaciones maravillosas bendecidas por el Padre. Mediante el consejo piadoso y oportuno de estas amigas, Dios nos habla y derrama sobre nosotras el consuelo que es dulce como el perfume y el incienso. Por tanto, ¿qué esperas? Fija una fecha con una amiga ¡y comparte el suave aroma de Jesús!

*Jesús, tu amistad es lo más importante para mí. También valoro a esas amigas íntimas con las que me has bendecido. Gracias por las mujeres especiales en mi vida. Muéstrame cada día cómo ser de bendición para ellas, así como ellas lo son para mí.*

# Qué bendición pueden ser las palabras

## Julie Rayburn

*Que su conversación sea siempre amena y de buen gusto. Así sabrán cómo responder a cada uno.*
## Colosenses 4.6 nvi

Inflexión. Tono de voz. Actitud. Tal vez recuerdes que tu mamá te decía: «No es lo que dices, sino cómo lo dices». Las palabras no solo transmiten un mensaje; también revelan la actitud de nuestro corazón. Cuando nuestra conversación está llena de gracia, aun las verdades difíciles se pueden comunicar de manera eficaz. ¿Pero cómo sazonamos nuestras palabras de gracia?

La gracia es el favor inmerecido que extiende un amor incondicional entre las personas. Ya sea que te estés comunicando con amigas, familiares o compañeros de trabajo, es importante que muestres que los valoras. Antepón sus necesidades a las tuyas. Transmite la verdad dentro del contexto del amor. Manifiesta compasión y perdón. Demuestra comprensión y franqueza para recibir su aportación. Respeta sus opiniones. En lugar de luchar por aclarar tu punto de vista, intenta entender el suyo. Procura edificarlas. Difunde aliento y esperanza. Sé positiva.

Cuando nuestras conversaciones estén llenas de gracia, las personas disfrutarán comunicándose con nosotros. Se marcharán bendecidos por el amor que hemos mostrado. Hoy, en tus pláticas, extiende la gracia de Dios a los que estén hambrientos por experimentar su amor.

*Amado Señor, que yo pueda considerar cada conversación como una oportunidad de extender tu gracia a otros. Que mis palabras sean una bendición. Amén.*

# Hoy Dios quiere que sepas...
## SU PROPÓSITO

### TINA KRAUSE

*Mis justos vivirán por la fe. Pero no me*
*agradará aquél que se aparte de mí.*
HEBREOS 10.38 NTV

Limpiamos las ventanas, lavamos el auto, y un día después llueve. Barremos el suelo de la cocina y, horas más tarde, el crujir de una galleta suena bajo nuestros pies. ¡Algunas tareas parecen tan fútiles!

Lo mismo ocurre con nuestra vida espiritual. Oramos sin cesar y no parecen llegar respuestas, o trabajamos infatigablemente y los problemas nos complican la existencia. En medio de la frustración nos preguntamos: ¿Por qué ocurrió esto? ¿Qué propósito puede haber en todo esto? ¡Todo parece tan inútil!

Para los escépticos, la lógica debe impregnar toda situación. De no ser así, no hay base para creer. Sin embargo, para la persona de fe, la lógica abre camino a la fe, sobre todo en los momentos más convulsos y absurdos.

De manera que seguimos orando, incluso cuando nuestras oraciones siguen sin obtener respuesta. Continuamos creyendo aun cuando Dios guarda silencio. Y, a pesar de que buscamos a tientas las respuestas, seguimos confiando.

Cuando nuestra caótica vida se pone patas arriba y nos esforzamos para hallarle sentido y lógica, Dios nos pide que nos aferremos a nuestra fe. Y es que no hay acto de amor inútil ni oración en vano.

*Amado Señor, te ruego que me perdones por permitir que mis problemas socaven mi fe. Confío en ti, sabiendo que mi fe en ti nunca es en vano.*

# *Hoy Dios quiere que sepas...*
## SU FAVOR

### SHANNA D. GREGOR

*Y hallarás gracia y buena opinión ante
los ojos de Dios y de los hombres*
PROVERBIOS 3.4 RVR1960

Cuando Dios sentó las bases del proyecto de construcción de tu vida, programó a las personas adecuadas en los lugares correctos en los momentos oportunos para cada fase de tu existencia. Proveyó favor, alineó puertas de oportunidades y organizó las conexiones perfectas que te ayudaran a elaborar una vida extraordinaria. Sus bendiciones siempre han estado ordenadas y colocadas con precisión a lo largo de tu viaje llamado existencia.

Pero ahora depende de ti que reconozcas esas oportunidades y que asistas a cada cita que Dios tiene para ti. Debes caminar por fe, oyendo su dirección y sus instrucciones para que no tardes en experimentar todo don bueno y perfecto que él tiene para ti. Dios quiere que percibas cada favor y cada rica bendición que ha preparado para ti. Espera, por fe, hallar bendición a cada paso.

Imagina lo que tu futuro ofrece cuando decides dar un paso para darle la bienvenida según el designio divino. Permanece alerta y atenta a lo que Dios quiere añadir a tu vida. Espera todo lo bueno que él ha planeado para ti: ¡las puertas de las oportunidades se están abriendo hoy para ti!

*Señor, gracias por poner favor y bendición en mi camino, y ayúdame a esperarlo dondequiera que vaya y en cualquier cosa que haga. Amén.*

# Hoy Dios quiere que sepas...

## SU PERDÓN

### LEAH SLAWSON

*Escudriñemos nuestros caminos, y*
*busquemos, y volvámonos al Señor.*
LAMENTACIONES 3.40 RVR1960

¿Qué ocurriría si pudieras estar pendiente de ti misma durante todo el día, examinando con cuidado todo lo que haces? Considera tu programa: tu elección de actividades, las personas con las que hablas, las cosas que escuchas y ves, los hábitos que se forman, los pensamientos que pueblan tu mente. Tal vez tu corazón desee intimidad con Dios, pero un día normal no te deja tiempo para la soledad. Dios suele hablarnos en el sosiego y en espacios silenciosos. ¿Cómo podríamos escucharlo si no estamos nunca quietas?

Tomar tiempo para reflexionar, para pensar, para examinarse a una misma es un paso necesario que nos conduce a la intimidad con Dios. Antes de volverle la espalda, debemos arrepentirnos de las cosas que nos apartaron de él en un principio. Al apartar tiempo para la soledad y la reflexión, el Espíritu Santo nos mostrará suavemente estas cosas si se lo pedimos. Nos señalará los pecados que necesitamos confesar y nos proporcionará la gracia del arrepentimiento. Al experimentar el perdón, nos damos cuenta de que nuestra relación con el Padre celestial se ha restaurado.

*Señor, ayúdame a quedarme quieta delante de ti y a estar dispuesta a examinar mis caminos. Háblame por medio de tu Espíritu Santo sobre lo que está mal en mi vida. Dame el don del arrepentimiento y permíteme disfrutar de la dulzura de tu perdón.*

# *Hoy Dios quiere que sepas...*

## EL GOZO DE COMPARTIR SU AMOR

### NICOLE O'DELL

*Ninguna palabra corrompida salga de vuestra boca, sino la que sea buena para la necesaria edificación, a fin de dar gracia a los oyentes.*
EFESIOS 4.29 RVR1960

Un filtro de café desempeña una función importante en la elaboración de una buena taza de este brebaje. Retiene los posos amargos a la vez que permite que las reconfortantes y aromáticas gotas de rico café fluyan en la cafetera. Cuando retiras el filtro, solo contiene los posos empapados y sucios que ya no sirven para ningún buen propósito.

Imagina lo que se encontraría si se colocara un filtro sobre tu boca para atrapar todo lo desagradable antes de que saliera por tus labios. ¿Cómo estaría de lleno el filtro antes de que acabara el día?

Nuestro Padre desea que nuestras palabras sean reconfortantes e inspiradoras, nunca amargas o desagradables. De hecho, su mensaje de amor no puede fluir de una boca amarga. Podemos pedirle al Espíritu Santo que sea nuestro filtro con el fin de impedir que los posos amargos se mezclen con el sabroso preparado que Dios pretende que salga de nuestra boca. Con el filtro del Espíritu Santo en su lugar, él puede usarnos para llevar su mensaje de amor a los que están a nuestro alrededor.

*Padre celestial, te ruego que perdones mis palabras duras y amargas del pasado. Ayúdame a usar un nuevo filtro sobre mi lengua cada día, para que pueda llevar tu consuelo y tu gozo a aquellos cuya vida toque. Amén.*

*Hoy Dios quiere que sepas...*

## LA COMPLETA CONFIANZA EN DIOS

### DENA DYER

*Si mi pueblo, que lleva mi nombre, se
humilla y ora, y me busca y abandona su
mala conducta, yo lo escucharé desde el cielo,
perdonaré su pecado y restauraré su tierra.*
2 CRÓNICAS 7.14 NVI

Algunos consideran que la humildad es una debilidad. Otros piensan que significa no hablar de uno mismo o infravalorarse como persona y restar importancia a los propios logros. Los cristianos suelen confundirla con una baja autoestima, con creer que uno no debería considerarse digno, porque Jesucristo fue la única persona perfecta.

Sin embargo, cuando aceptamos a Cristo como nuestro Señor y Salvador, su vida se convierte en la nuestra. Ya no somos esclavas del pecado, sino que poseemos su justicia. Por tanto, no tenemos que pensar que somos escoria.

Nuestro Salvador caminó en una confianza absoluta en Dios, —sabiendo que sus pasos estaban planificados— y sabiendo que solo tenía que oír los latidos del corazón de su Padre para saber hacia dónde encaminarse. Podía soportar insultos, persecuciones y a unos discípulos torpes, porque sabía quién era y adónde se dirigía.

Vive hoy confiando por completo en Dios, sabiendo que serás capaz de aguantar las presiones que la vida te lanza, porque él es tu vida.

*Dios y Padre, te alabo por tu perdón y tu sanidad. Gracias porque llevo tu nombre.*

## LAS BENDICIONES DE LA OBEDIENCIA

JULIE RAYBURN

*Entonces el Señor se le acercó y lo llamó
de nuevo: ¡Samuel! ¡Samuel! Habla, que
tu siervo escucha, respondió Samuel.*
1 SAMUEL 3.10 NVI

El Señor habló —en voz alta— al pequeño Samuel. Aunque este incidente ocurrió hace miles de años, su respuesta nos enseña hoy importantes lecciones. El niño se consideró un siervo de Dios y reveló un corazón comprometido con la obediencia. Quizá fuera la razón de que el Señor escogiera hablar a este jovencito.

Aunque el llamado de Dios es diferente a los tiempos del Antiguo Testamento, él sigue hablando a los corazones que anhelan escuchar. El Señor habla de forma poderosa a través de su Palabra, la Biblia. El Espíritu Santo también susurra la verdad a nuestros corazones. Incluso otras personas y su creación pueden revelarnos el mensaje divino.

La mayoría de las veces el Señor se comunica con corazones de siervos dispuestos a oír, corazones comprometidos con la obediencia. Este tipo de corazones confían en que los caminos de Dios son mejores, aun cuando conlleven dificultad. Desean su consejo y buscan su voz.

El Señor ansía comunicarse con nosotros. ¿Está tu corazón hoy receptivo a su llamado? Esfuérzate en ser capaz de decirle con sinceridad: «¡Habla, Señor, que tu siervo escucha!».

*Amado Señor, haz que pueda tener un corazón de siervo comprometido con la obediencia. ¡Habla, Señor! Amén.*

*Hoy Dios quiere que sepas...*

# LA IMPORTANCIA DE LA PERSISTENCIA

### DARLENE FRANKLIN

*Durante los últimos veintitrés años, desde el año trece del reinado de Josías, hijo de Amón, rey de Judá, hasta ahora, el Señor me ha estado dando sus mensajes. Yo se los he comunicado con toda fidelidad, pero ustedes no han querido escuchar.*
JEREMÍAS 25.3 NTV

La Biblia está llena de gente persistente, que perseveró a pesar de los problemas y las dificultades, durante mucho más tiempo del que la mayoría de las personas consideraría prudente. Noé pasó cien años construyendo el arca. Abraham esperó veinticinco años hasta tener a Isaac, el hijo de la promesa. Y, hacia el final de su vida, Jeremías había predicado el mensaje de Dios a una audiencia incrédula durante cuarenta años. Los israelitas lo llamaron traidor, lo encarcelaron y lo dejaron morir, pero él siguió con su proclamación divina. Nada lo detuvo.

La fe de Jeremías lo capacitó para perseverar. Es posible que el escritor de Hebreos lo tuviera en mente cuando escribió: «Otros sufrieron la prueba [...] incluso de cadenas y cárceles [...]. Anduvieron fugitivos de aquí para allá [...] pasando necesidades, afligidos y maltratados. ¡El mundo no merecía gente así! (He 11.36-28 NVI).

Dios espera la misma perseverancia en nosotras. Requiere persistencia, otro nombre por el que se conoce esta virtud, más de una docena de veces en el Nuevo Testamento. Pretende que las pruebas que se cruzan en nuestro camino aumenten nuestra perseverancia. Cuando superamos los pequeños obstáculos, a veces pone otros mayores en nuestra senda. ¿Por qué? ¿Porque no nos ama? No, sino todo lo contrario.

La persistencia resulta en una fe que es puro oro fundido.

*Señor, solo podemos persistir porque tú eres invariable. Te pedimos que mantengas nuestros ojos fijos en ti y que sigamos avanzando independientemente de lo que ocurra a nuestro alrededor. Amén.*

## QUE CONOCE TU CORAZÓN

JULIE RAYBURN

*No tratamos de agradar a la gente sino a*
*Dios, que examina nuestro corazón*
1 TESALONICENSES 2.4 NVI

Mucho de lo que decimos y hacemos surge de nuestro deseo de ser aceptadas por los demás. Luchamos por causar cierta impresión, por lucir lo mejor posible. En nuestras ansias por que nos consideren personas de éxito, podemos decidir exagerar, adornar o incluso mentir. Resulta difícil ser fieles a nosotros mismos cuando nos preocupa tanto la aceptación y las opiniones de otros. Gestionar la impresión que queremos dar es un trabajo difícil; por tanto, ¡qué bueno es saber que Dios tiene un plan mejor!

En lugar de dejarte llevar por el criterio de otros, esfuérzate en vivir tu vida solo para Dios y agradarle a él por encima de todos los demás. Dios conoce nuestro corazón. Percibe las cosas tal como son en realidad. No podemos engañarlo. Cuando nos permitimos ser genuinas delante de él, no importa lo que piensen otros. Si el Dios del universo nos ha aceptado, ¿a quién le importa otra opinión?

Es imposible complacer a Dios y al hombre a la vez. Debemos escoger. El ser humano se fija en la apariencia externa, pero Dios considera el corazón. Alinéalo con el suyo. Deshazte de la gestión de la impresión que se centra en la apariencia externa. ¡Recibe el amor incondicional de Dios y disfruta de la libertad de ser tú misma delante de él!

*Amado Dios, haz que pueda vivir solo para ti. Ayúdame en la transición de ser alguien que agrada a las personas para complacerte a ti. Amén.*

*Hoy Dios quiere que sepas...*

# QUE PUEDES CONFIAR SIEMPRE EN ÉL

PAMELA McQUADE

*Señor, escucha mi oración, y llegue a ti mi clamor.*
SALMO 102.1 RVR1960

¿Has tenido días en los que tus oraciones parecían estrellarse contra el techo y rebotar? ¿Acaso parece que Dios esté distante sin que seas consciente del motivo? Si no eres una creyente reciente, existen bastantes probabilidades de que hayas tenido esta experiencia.

El salmista lo percibió cuando le tocó vivir dolor y sufrimiento. Por la noche, el insomnio lo acosaba. Durante sus fatigosos días, los enemigos se burlaban de él. Su vida era agotadora y, en términos terrenales, le resultaba difícil ver un propósito en todo aquello.

Sin embargo, una vez ha descrito el salmista su apuro, el poema toma una nueva dirección, y glorifica a Dios. De repente, la vida ya no era tan mala, porque confiaba en Aquel que lo salvaría.

Cuando la oración rebota contra el techo, ha llegado el momento de recordarnos a nosotras mismas la grandeza de Dios, y dejar de quejarnos por lo que pensamos que no ha hecho. Al enfrentarnos a pruebas que amenazan con destrozarnos, traigamos a nuestra memoria que él no se ha olvidado de nosotras y que nuestra máxima seguridad nunca corre peligro.

Cuando sentimos los peligros de la vida, confiemos en que Dios sigue oyendo nuestras oraciones. Nunca nos fallará. Lo único que pide es que nuestra dependencia de él permanezca firme. En el momento adecuado volveremos a sentir su amor.

*Aun cuando no sienta tu presencia, Señor, tú no me habrás abandonado. Haz que siga confiando en ti y siguiéndote, Oh Señor. Amén.*

## QUE LE ENCANTA COMPARTIR
## MOMENTOS DE INTIMIDAD CONTIGO

JANICE HANNA

*Entonces una nube cubrió el tabernáculo de*
*reunión, y la gloria del Señor llenó el tabernáculo.*
ÉXODO 40.34 RVR1960

Dios quiere que entremos en la adoración con un corazón preparado para encontrarnos con él. Anhela que vengamos a él con una actitud en la que no nos limitemos a cantar sobre él, sino que lo adoremos verdaderamente con cada fibra de nuestro ser. Quiere participantes incondicionales y no meros espectadores.

Dios promete reunirse con nosotras. Cuando accedemos a su presencia con el corazón y la mente verdaderamente involucrados, suele abrumarnos con su bondad, su grandeza y su Palabra. Piensa cuándo fue la última vez que te «implicaste» con

Dios, que te reuniste con él de una forma sobrenatural. ¿Ha pasado ya algún tiempo?

El Señor desea que entremos en su presencia con regularidad, y no con una actitud de «tengo que quitarme esto de encima», sino con la disposición de «¡Señor, me bendice tanto conseguir pasar tiempo contigo!». Cuando nos encontramos con él en este estado de ánimo la brillante grandeza del Señor se revelará y su gloria llenará el lugar.

*Señor, anhelo encontrarme contigo, reunirme contigo de verdad. No quiero que sea un mero trámite, Padre celestial. Quiero que tu gloria descienda, que tu resplandeciente grandeza me abrume. Te ofrezco hoy mi ser, no como espectador, sino como participante de tu santa presencia.*

## QUIÉN ERES EN ÉL

SHANNA D. GREGOR

*Pues, si escuchas la palabra pero no la obedeces,*
*sería como ver tu cara en un espejo.*
SANTIAGO 1.23-24 NTV

¿Eres auténtica? Muchas son las razones por las que las personas llevan una máscara y se niegan a ser completamente transparentes, incluso con aquellos a los que consideran sus amigos más íntimos.

Resulta tan maravilloso encontrar a personas que pueden ser genuinas y francas con nosotros, sin fingir jamás. Este atrevimiento y confianza proceden de saber quiénes somos en Cristo. Al confiar en él para que nos ayude, examinamos nuestra vida y luego aprendemos a moldearla para que refleje la bondad de Dios.

Es un proceso. Empezamos mirando en el espejo para ver lo que tenemos que eliminar de la vieja persona que solíamos ser para que podamos asumir el carácter y la naturaleza de Dios.

Con demasiada frecuencia, no logramos ver el valor de compartir nuestros defectos. No queremos ser vulnerables y, por tanto, nos retraemos. Actuando de este modo privamos a otros de disfrutar de esa identidad para la que Dios nos creó a cada uno de nosotros. Cuando compartimos nuestra propia experiencia —sobre todo nuestros fallos— aumentamos la empatía, somos más accesibles, y crece nuestra «relacionabilidad» con los demás. Baja la guardia y sé todo aquello para lo que fuiste creada.

*Señor, ayúdame a ser real con aquellos que has puesto alrededor de mí. Te ruego que te vean a ti a través de mí y que esto los atraiga más hacia ti. Amén.*

## Que está disponible

### Eileen Key

*No me avergüenzo. No podría estar más seguro de dónde piso; Aquel en quien he confiado puede cuidar aquello que me ha encomendado.*

2 Timoteo 1.11-12

[traducción libre de la versión The Message]

¿Has sentido alguna vez ganas de abandonar? ¿De tirar la toalla? Algunos días resulta muy difícil hallar la determinación de perseverar. A pesar de nuestras fragilidades humanas, nuestro Padre celestial está ahí para agarrarnos de la mano y levantarnos. A él no le impresiona lo que hacemos en la vida, sino cómo enfrentamos cada día. Quiere que le miremos a él y sepamos que está presente para cuidar de nosotros a pesar de los abrumadores pronósticos que la vida muestra.

Pablo podría haberse rendido. Sufrió un naufragio, fue golpeado, encarcelado y perseguido, y, sin embargo, siguió alabando al Señor. Predicó las buenas nuevas de Jesús y afrontó las consecuencias de sus actos. Pocos de nosotros se enfrentarán a la misma persecución, pero tenemos el mismo Espíritu que Pablo en nuestro interior. Él le confesó a Timoteo que no se arrepentía de nada, porque estaba seguro de Aquel a quien servía.

¿Estás tú, hoy, segura de Aquel al que sirves? Cuando afrontas dificultades, ¿acudes al Creador del universo y le pides ayuda? Deberías. Él está disponible. No tienes más que extender tu mano y agarrar la suya. Él estará allí.

*Señor, enséñame tu amor. Haz que sienta*
*tu abrazo. Escojo confiar en ti. Amén.*

# *Hoy Dios quiere que sepas...*

## QUE EL GOZO PROCEDE DE ÉL

### TINA KRAUSE

*Ustedes lo aman a pesar de no haberlo visto; y aunque no lo ven ahora, creen en él y se alegran con un gozo indescriptible y glorioso, pues están obteniendo la meta de su fe, que es su salvación.*
1 PEDRO 1.8-9 NVI

De niñas, hallamos gozo en las cosas más pequeñas: una rosa que florece, una mariquita en reposo, las ondas que describe un guijarro cuando cae dentro del agua. Luego, en algún momento entre coletas y medias, nuestro regocijo va en declive y acaba por evaporarse en el desierto de las dificultades.

Sin embargo, cuando hallamos a Jesús, «todas las cosas son hechas nuevas», como la Biblia promete, y volvemos a ver el mundo con los ojos de una niña. Con entusiasmo, experimentamos el «gozo indecible y glorioso» que produce la salvación.

Aprendemos que el gozo de Dios no se basa en nuestras circunstancias, sino que sus raíces empiezan con la semilla de la Palabra de Dios plantada en nuestro corazón. De repente, este rebosa de gozo, sabiendo que Dios nos ama y nos perdona, y que tiene el control completo de nuestra vida. Tenemos gozo, porque sabemos que este mundo no es nuestro hogar permanente, y que nos aguarda una mansión en gloria.

El gozo llega como resultado de confiar en quien lo hacemos, y no de lo que tenemos. El gozo es Jesús.

*Amado Jesús, gracias por darme el gozo de mi salvación. Conocerte a ti supera cualquier otra cosa que el mundo pueda ofrecer. No permitas jamás que se evapore el gozo de mi corazón en el desierto de las dificultades. Amén.*

# Hoy Dios quiere que sepas...
## QUE LA ESPERANZA TE RODEA

JOANNA BLOSS

*¿Por qué te abates, oh alma mía, y te turbas
dentro de mí? Espera en Dios; porque aún he
de alabarle, Salvación mía y Dios mío.*
SALMO 42.5-6 NVI

Si alguna vez has estado deprimida, no estás
sola. Las causas de la depresión pueden ser
las circunstancias, la biología, el entorno, o una
combinación de todas estas cosas. Las distintas
investigaciones señalan que hasta un veinticinco
por ciento de estadounidenses sufren de depresión
en algún momento de su vida.

Los relatos bíblicos de gente piadosa como
David y Jeremías, que lucharon contra la depresión, son de gran bendición para nosotros. Estas
historias nos enseñan que sentirse vencido por las
dificultades de la vida es una reacción humana.

Aunque sentirse de ese modo es normal, no
tiene por qué ser la norma. Como cristianos,

hemos de tener esperanza. Confiar en que nuestras circunstancias no siempre serán como están siendo ahora mismo; que por muy terrible que parezca la situación mundial actual, Dios siempre gana al final; que la eternidad está justo al otro lado.

La esperanza es como un brote verde que asoma a través del duro y agrietado suelo. Cuando estés deprimida, haz lo que hicieron David y Jeremías: derrama tu corazón ante Dios. Busca ayuda en una amiga de confianza o en un consejero piadoso.

Busca esperanza. Está por todas partes, a tu alrededor, y está ahí para que la tomes.

*Padre, aun cuando estoy deprimida, sigues siendo Dios. Ayúdame a encontrar un rayo de esperanza en medio de las oscuras circunstancias. Amén.*

## QUÉ BELLO ES ANTEPONER A ALGUIEN A TI

### MANDY NYDEGGER

*Amen desde el centro de su ser; no simulen. Escapen
desesperadamente del mal; aférrense con todas sus
fuerzas al bien. Sean buenos amigos que aman
profundamente; practiquen el estar en segundo plano.*

ROMANOS 12.9-10

[TRADUCCIÓN LIBRE DE LA VERSIÓN THE MESSAGE]

El llamado a amar en Romanos 12.9-10 es
extremadamente difícil de poner en práctica.
Claro que resulta fácil amar a los amigos y los familiares, ¿pero qué me dices de amar a esa persona,
en la escuela o en el trabajo, con la que sencillamente no te puedes relacionar? Ser educado es una
cosa, pero amar de verdad a esa persona es mucho
más difícil.

Pablo nos dice que no debemos simular el
amor. Dios nos advierte que pecamos en contra
suya cuando fingimos amar a los demás, cuando,

en realidad, sentimos aversión por ellos. En vez de esto, se nos llama al amor genuino.

Una versión inglesa de la Biblia, The Message, utiliza la metáfora «practica el ser un segundo violín [en español diríamos ser plato de segunda mesa.]» para ayudarnos a entender cómo debemos honrarnos los unos a los otros. En una gran orquesta, el primer violín suele tocar la melodía y todas las florituras. El segundo violín interpreta el papel de apoyo, armonizando con el primero y actuando de ancla musical. Deberíamos asumir siempre la segunda parte, anteponiendo a los demás y alentándolos con todo nuestro amor y devoción. Cuando amemos sin hipocresía y honremos a los demás por encima de nosotros mismos, viviremos en una hermosa armonía los unos con los otros.

*Amado Señor, te ruego me ayudes a amar con un corazón genuino y a asumir el segundo lugar, anteponiendo a todos los que me rodean. Amén.*

*Hoy Dios quiere que sepas...*

# Qué te ama incondicionalmente

## Leah Slawson

*Porque los montes se moverán, y los collados temblarán, pero no se apartará de ti mi misericordia, ni el pacto de mi paz se quebrantará, dijo el Señor, el que tiene misericordia de ti.*
### Isaías 54.10 rvr1960

Las montañas son inalterables e inamovibles. Incluso las partes más pequeñas de los montes no se pueden mover fácilmente. Las fuerzas de la naturaleza tardan siglos y requieren de una tremenda energía para conseguirlo. La nieve, el hielo glaciar, los manantiales de montaña, la lluvia y el viento solo pueden mover un grado de arena o una piedra. Los volcanes sueltan una energía colosal para alterar la forma de un monte. Cuando el hombre quiere construir una autopista que atraviese una cordillera, se requiere el poder de la dinamita para excavar túneles a través de la roca, y la carretera ha de ir retorciéndose para adaptarse al terreno.

Dios afirma que su amor es aún más inamovible. Los montes se moverán antes de que su amor nos abandone. Será más fácil que desaparezcan las montañas, porque él no quitará su pacto de paz con nosotros. En el sacrificio de Cristo en la cruz, demostró su asombroso amor por nosotros, y Jesús se convirtió en nuestra paz. Romanos 5.1 (RVR1960) declara: «Justificados, pues, por la fe, tenemos paz para con Dios por medio de nuestro Señor Jesucristo». Independientemente de nuestros actos, pasados o futuros, el amor de Dios reposa sobre nosotros. Por fe, solo tenemos que creer lo que Jesús ha hecho por nosotros.

*Padre, gracias por tu amor inamovible, por la permanencia de tu pacto de paz, y por la justicia que no procede de mis buenas obras, sino del sacrificio de Cristo por mí.*

## Que escucha tus oraciones

### Austine Keller

*A ti clamo, oh Dios, porque tú me respondes;*
*inclina a mí tu oído, y escucha mi oración.*
Salmo 17.6 nvi

Todos hemos sentido la frustración de ese agujero negro llamado mensaje de voz. Rara vez conseguimos tener a un ser humano auténtico y verdadero, la primera vez que marcamos un número de teléfono.

Afortunadamente, nuestro Dios siempre está disponible. Podemos encontrarlo a cualquier hora del día o de la noche, y todos los días del año... ¡incluidos los fines de semana y las vacaciones! Cuando oramos, no tenemos que preocuparnos de las desconexiones, de que nos cuelguen o de tener una mala cobertura. Jamás nos dejarán en espera y tampoco dirigirán nuestras oraciones a otro departamento. La Biblia nos asegura que Dios está ansioso por oír nuestras peticiones y que recibe con agrado nuestras oraciones de agradecimiento. David, el salmista, escribió sobre la respuesta de Dios a aquellos que depositan su confianza en él: «Él me invocará, y yo le responderé» (Sal 91.15 NVI). David poseía gran confianza en que Dios escucharía sus oraciones. ¡Y nosotros también podemos tenerla!

*Amado Señor, gracias por estar siempre ahí para mí. Ya sea que me encuentre en la cima de una montaña y solo quiera alabar tu nombre, o que necesite tu consuelo y tu aliento, puedo contar contigo. Amén.*

# QUE TU BELLEZA BRILLA DESDE EL INTERIOR

## REBECCA GERMANY

*No se interesen tanto por la belleza externa: los peinados extravagantes, las joyas costosas o la ropa elegante. En cambio, vístanse con la belleza interior, la que no se desvanece, la belleza de un espíritu tierno y sereno, que es tan precioso a los ojos de Dios.*

1 PEDRO 3.3-4 NTV

A los gurús de la moda les encanta decir a las mujeres cómo deben vestir. A muchos les gusta aconsejar un par de zapatos rojos —preferiblemente de atrevidos tacones— para dar una nota picante al vestuario de una dama. Quienes proponen esta sugerencia afirman que tener un par de zapatos especiales que ponerse cuando una mujer tiene el ánimo bajo o está deprimida puede darle una vuelta completa a su día, haciéndola sentirse hermosa y poderosa.

Aunque las corrientes de la moda pueden ser divertidas y a todos nos gusta vernos bien arreglados, no podemos olvidar de dónde procede la verdadera belleza y el poder. ¿No fue Jesús quien nos enseñó a no poner nuestro tesoro en las cosas físicas como nuestro cuerpo o preocuparnos de dónde sacar nuestros vestidos? Él promete proveer para nosotros.

Los zapatos se raspan, los collares se rompen, y las telas pierden su color, pero la verdadera belleza comienza en el interior. Cuando le permitimos a Dios que vista nuestro espíritu con túnicas de amor, gozo, paz, paciencia, benignidad, bondad, fe, mansedumbre y templanza, nuestra hermosura interior eclipsará de lejos cualquier cosa que pongamos sobre nuestro cuerpo físico.

*Amado Padre, quiero ser una mujer cuya belleza interior supere la exterior, para que cuando las personas me vean, se sientan dirigidas a ti y se regocijen en tu creación.*

*Hoy Dios quiere que sepas...*

## QUE PUEDES EMPEZAR DE NUEVO

### ANNIE TIPTON

*Por la misericordia del Señor no hemos sido consumidos, porque nunca decayeron sus misericordias. Nuevas son cada mañana; grande es tu fidelidad.*
LAMENTACIONES 3.22-23 RVR1960

¿Qué es lo primero que haces cuando te levantas por la mañana? ¿Saltar sobre la cinta de caminar? ¿Ir tropezando hasta la cocina en busca de una taza de cafeína recién preparada? ¿Dirigirte a tientas al baño y no abrir los ojos hasta que un chorro de agua caliente te despierta de repente?

Dios comienza su día ofreciendo renovada compasión a sus hijos. Al margen de las pruebas, las dificultades y los pecados que trajo el día de ayer, la mañana introduce una nueva experiencia, un comienzo flamante para los creyentes que buscan su perdón. Solo tienes que aceptar el regalo.

¿Sigues cargada por el estrés de ayer? ¿Te quitan el sueño las preocupaciones de mañana? Considera el amanecer como una oportunidad para empezar de nuevo con tu Padre celestial. Búscalo por la mañana por medio del estudio de su Palabra y la oración, aceptando su compasión para ser una bendición a los demás a lo largo de tu día.

*Padre, ¡tu promesa de una compasión sin fin por mí es sorprendente! No quiero dar nunca por sentada la gracia que ofreces cada día. No me la merezco, pero aun así, tú das y das, y das. Te ruego que me ayudes a mostrar misericordia para con los demás del mismo modo en que tú lo haces conmigo. Amén.*

## *Hoy Dios quiere que sepas...*

# QUE ESTÁ OBRANDO... EN SU TIEMPO

### JANICE HANNA

*Esta visión es para un tiempo futuro. Describe
el fin, y éste se cumplirá. Aunque parezca
que se demora en llegar, espera con paciencia,
porque sin lugar a dudas sucederá.*
HABACUC 2.3 NTV

¡La paciencia! Es el material del que está
hecha la frustración. Y, sin embargo, es una
virtud que el Señor espera hallar en abundancia
entre su pueblo.

En este mundo acelerado, queremos lo que
queremos, y lo queremos ya. Nos negamos a tener
que esperar. Y para la mayoría de las cosas no
tenemos que hacerlo. Los microondas apuran el
proceso del cocinado. Los restaurantes de comida
rápida nos ponen la comida en la mano mientras
pasamos volando por el auto servicio. El acceso a
Internet nos proporciona un contacto instantáneo
con personas, lugares y cosas por todo el mundo.

Y los celulares nos dan la oportunidad de conectar con amigos a toda prisa.

¡Oh si tan solo pudiéramos aprender el valor de aminorar la marcha, de esperar en la presencia de Dios! Echa otro vistazo a la lectura bíblica de hoy. Algunas veces, las cosas que aguardamos llegan lentamente. De manera similar, los planes de Dios pueden realizarse poco a poco, pero con toda seguridad acontecen a un ritmo constante. Dios hará lo que afirma que va a hacer. No sabemos cuándo con exactitud, pero mientras esperamos, podemos ser hallados fieles.

¿Qué esperas hoy? ¿Te estás impacientando? Aplica el principio «lento, constante, seguro» y observa cómo trabaja Dios… en su tiempo.

*Señor, estoy acostumbrado a que las cosas ocurran rápidamente. A pesar de todo, me hallo en un compás de espera. Dame paciencia, Señor, y trae a mi memoria cada día que tu tiempo es el único que importa.*

## *Hoy Dios quiere que sepas...*

# QUE ÉL AHUYENTARÁ A «LAS ZORRAS»

### TINA KRAUSE

*Atrapen a las zorras, a esas zorras pequeñas*
*que arruinan nuestros viñedos*
### CANTARES 2.15 NVI

¿Qué te enfurece? Ya sabes, esas pequeñas molestias irritantes que hacen que te subas por las paredes. Todas las sufrimos, perder las llaves cuando más prisa tienes, perder el tren de regreso a casa al salir del trabajo, o adelgazar dos kilos y medio para recuperar tres durante el fin de semana.

La Biblia enseña que las «zorras pequeñas» de la vida «arruinan el viñedo». Los verdaderos ladrones de tu gozo no son las grandes catástrofes, sino los incordios triviales e insignificantes que surgen a diario. Se ha dado el caso de que una o dos «zorras» consecutivas han hecho que lo mejor de ti se haya venido irremediablemente abajo, arruinándote un día que hubiera sido perfecto.

¿Cómo aprovechamos esas pequeñas zorras? El salmista dijo: «Cuando en mí la angustia iba en aumento, tu consuelo llenaba mi alma de alegría» (Sal 94.19 NVI). Dios entiende nuestra fragilidad humana. Dondequiera que estemos, hagamos lo que hagamos, ansía ministrar calma, paz y gozo. Al acudir al Señor en oración y alabanza, él empieza a «atrapar a las zorras».

El antídoto de Dios para nuestras fluctuantes emociones es sencillo: oración más alabanza equivale a paz. ¿Sigues enfurecida?

*Amado Dios, te ruego que des consuelo a mi alma inquieta y ahuyenta a las pequeñas zorras de la irritación. Cuando me sienta tentada a preocuparme y a enfurecerme, recuérdame tu antídoto para mantener mis emociones en equilibrio. Amén.*

# Hoy Dios quiere que sepas...

## QUE ÉL TE AMÓ PRIMERO

### LEAH SLAWSON

*Pero si alguno ama a Dios, es conocido por él.*
1 CORINTIOS 8.3 RVR1960

¿Cómo mostramos nuestro amor hacia Dios? ¿Con nuestra asistencia a la iglesia? ¿Con buenas obras? ¿Orando? Estas pueden ser manifestaciones de que lo amamos, o tal vez lo hacemos por un sentido del deber; pero amar a Dios es, sobre todo, una respuesta a ser conocido y amado por él. No podemos demostrar emoción o sentimiento hacia Dios ni podemos amarlo sencillamente obligándonos a realizar actos de obediencia.

Empezamos a amarlo cuando entendemos lo que significa ser conocido por él.

Él nos formó en el vientre de nuestra madre.

Conoce el número de cabellos de nuestra cabeza.

Nos acepta como somos, por el sacrificio que Cristo hizo por nosotros.

Se compadece de nuestra debilidad.

Perdona nuestros pecados.

Anhela conversar con nosotros.

Se deleita escuchando nuestras oraciones.

Desea ayudarnos, fortalecernos y bendecirnos.

Nos ha dado el Espíritu Santo como consolador, ayudador y maestro.

Desea todo esto antes de que acudamos a él en arrepentimiento. Es necesario que nos volvamos a familiarizar con el evangelio con frecuencia, meditar en lo que Cristo ha hecho por nosotros y recordar que él nos amó primero.

*Señor, renueva mi amor por ti. Ayúdame*
*a recordar que me conocías y me amabas*
*incluso antes de que yo supiera de ti.*

# *Hoy Dios quiere que sepas...*

## QUE ESPERA LO MEJOR DE TI

### ANNIE TIPTON

*Trabajen de buena gana en todo lo que hagan,*
*como si fuera para el Señor y no para la gente.*
COLOSENSES 3.23 NTV

Algunas personas se enorgullecen de dejarlo todo para más tarde. Tal vez disfrutan de la descarga de adrenalina cuando se aproximan las fechas límites y el sentido de logro cuando un proyecto se acaba en el último minuto. En ocasiones, la pereza se halla en la raíz de la desidia, y es algo que Dios cataloga como pecado.

¿Qué habría pasado si Jesús hubiera sido desidioso? Las curaciones milagrosas, las enseñanzas que hacían estremecer la tierra, y el liderazgo de siervo habrían quedado relegados a un segundo plano ante las distracciones del día. Él no eludió las partes desagradables de su ministerio, sino que tomó la iniciativa de vivir cada día a pleno rendimiento, cumpliendo los planes que el Padre tenía para él.

Hoy, céntrate en las tareas más inmediatas. Ya sea en tu carrera, en casa, en la iglesia o en la escuela, da lo mejor de ti. Después de todo, Jesús no postergó su trabajo; vino a la tierra a cumplir la voluntad de su Padre, muriendo en la cruz por nuestros pecados. Merece lo mejor que podamos darle, no mañana, sino hoy.

*Jesús, te ruego que me perdones cuando no siempre hago lo mejor. Ayúdame a recordar siempre tu ejemplo de duro trabajo y seguimiento durante tu ministerio terrenal. Quiero vivir mi vida como tú, seguir tu ejemplo en esto y en otras muchas cosas. Amén.*

## CÓMO ES EL DON DE SU GRACIA

JOANNA BLOSS

*Ni yo te condeno; vete y no peques más.*
JUAN 8.11 RVR1960

Juan 8 describe unos de los retratos más hermosos de la gracia de todas las Escrituras. La mujer había sido arrastrada desde el dormitorio y había desfilado delante de los hombres en los atrios del templo. ¿Puedes imaginar semejante humillación? El hombre que probablemente le había declarado su amor tan solo unos momentos antes, no se veía ahora por ninguna parte. Solo la mujer fue llevada a rastras al templo, y ya la habían juzgado y declarado culpable de adulterio. Todo estaba hecho, excepto la lapidación.

Hasta que Jesús entró. No dijo nada durante lo que, sin duda, pareció una eternidad. Y entonces, su frase: «El que de vosotros esté sin pecado sea el primero en arrojar la piedra contra ella» (Jn 8.7 RVR1960). Con esta sola sentencia, la multitud se dispersó. El único hombre sobre la tierra, cualificado para lapidar a esta mujer, ofreció gracia.

Los fariseos conocían la letra de la ley como la palma de su mano: adulterio significa lapidación. Pero en su manera amable y amorosa, Jesús trajo a la luz el espíritu de la ley. El pecado comienza en el corazón. ¡Oh qué libertad se encuentra en el Espíritu!

Ahora bien, Jesús no dejó que esta mujer se fuera de rositas; el pecado es el pecado. Pero, bajo el Espíritu, la condenación ya no es necesaria. Solo hace falta un corazón limpio, lleno de gracia y gratitud por el don de la libertad y el perdón.

*Jesús, gracias porque no estoy condenada. Gracias porque he sido perdonada. Libre. Ayúdame a vivir una vida de pureza para honrarte. Amén.*

## QUE PUEDES DESCANSAR EN ÉL

EMILY BIGGERS

*Él [Jesús], por su parte, solía retirarse
a lugares solitarios para orar.*
LUCAS 5.16 NVI

Los cristianos suelen equivocarse al creer que el Señor quiere que estemos constantemente ocupados en su obra. Nos apuntamos a todo y nos sentimos culpables si decimos que no a algo que se nos pide. Esto es especialmente cierto en el caso de las mujeres. Sentimos que nuestro deber es servir.

Ciertamente se nos ha llamado a encargarnos de la obra de Dios. Somos sus manos y pies en este mundo y él puede usarnos en formas poderosas. Pero también se nos llama a descansar y orar. Jesús priorizó esto, dejando con frecuencia a la multitud para buscar un poco de soledad. Alentó a sus seguidores a hacer lo mismo. Un día, después de haber estado atareado todo el día supliendo las necesidades de las personas, Cristo insistió en que sus discípulos se retiraran con él a descansar y a alimentarse.

No negamos que nuestras vidas estén ocupadas. Sobre las mujeres de hoy recaen todo tipo de exigencias. Tal vez te halles en una etapa de la vida que tira de ti por todas partes. Saca tiempo para descansar. Busca un lugar tranquilo donde puedas orar. Jesús nos dio ejemplo de esto y quiere que hallemos descanso en él.

*Padre, muéstrame la importancia del descanso. Permíteme decir hoy que no a algo, para poder decir sí a un tiempo de tranquilidad contigo. Amén.*

## QUE ES TU AYUDADOR

### LEAH SLAWSON

*Porque yo Jehová soy tu Dios, quien te sostiene de tu mano derecha, y te dice: No temas, yo te ayudo.*
ISAÍAS 41.13 RVR1960

Nos damos la mano para saludarnos; es una señal de bienvenida. Extendemos la mano a un niño cuando caminamos en medio de una multitud o cerca de una calle; ayuda a proteger y consolar a los pequeños. En tiempos de gran emoción o expectación, agarramos la mano de un amigo o familiar que esté cerca; implica: «Estoy contigo». Junto al lecho de un hospital, apretamos la mano de un ser querido enfermo; nuestra mano les da a entender que estamos presentes, sufriendo con ellos. Cada vez que tomamos la mano de otra persona, damos testimonio de Dios.

Él sostiene tu mano. Te da la bienvenida a su reino. Te protege, te consuela. Está contigo en tus momentos de mayor ansiedad y en tus horas más oscuras. Con su apretón de mano viene el valor ante cualquier situación. Nos dice que no temamos, porque él es nuestra ayuda siempre presente en tiempos de aflicción. Te tiene agarrada.

*Dios todopoderoso, gracias por sostener mi mano. Perdóname por las veces en que lo he olvidado y he permitido que el temor reinara en mi vida. Ayúdame a recordar que nunca estoy sola. Concédeme el valor que procede de conocerte como mi ayudador.*

## QUE LE IMPORTA TU SALUD

DENA DYER

*Nuestro cuerpo [...] fue creado para el Señor,*
*y al Señor le importa nuestro cuerpo.*
1 CORINTIOS 6.13 NTV

Trasnochar. Levantarse temprano por la maña-na. Cafeína. Estrés. Comer demasiado.

Todos nosotros tenemos tendencia a abarcar demasiado. La acelerada sociedad de nuestros días hace que cuidar de uno mismo parezca un lujo.

Sin embargo, la Palabra de Dios nos dice que si le pertenecemos a él, nuestro cuerpo no es nues-tro. Él vive en nosotros, y, de hecho, ¡somos templo de Dios supremo! A él le importa cómo cuidamos —o no cuidamos— de nosotros.

Con esto en mente, es necesario que con-sideremos cómo afectan nuestras elecciones cotidianas a nuestro templo. ¿Estás estresada? Respira hondo y descubre cosas que reduzcan tu nivel de ansiedad. ¿Dejan mucho que desear tus preferencias alimenticias? Visita a un nutricionista que te indique lo bien que puede saber la buena comida y cuánto bienestar te puede proporcionar. ¿El paseo hasta la refrigeradora para comer algo es tu único ejercicio? Haz algunos estiramientos o vete a dar un paseo.

Esta semana, toma conciencia de cómo descansas, trabajas, comes, te mueves y juegas. Al menearte y respirar de una forma más consciente, empezarás a sentir qué cosas benefician más a tu salud global y al mantenimiento de tu cuerpo, el templo de Dios.

*Dios, gracias por el don de mi cuerpo. Ayúdame a ser una buena administradora de ese regalo.*

*Hoy Dios quiere que sepas...*

## QUE ANHELA ESCUCHAR TU ALABANZA

ANNIE TIPTON

*Bendigo a Dios en cada ocasión que tengo; mis pulmones se expanden con su alabanza.*

SALMO 34.1

[TRADUCCIÓN LIBRE DE LA VERSIÓN THE MESSAGE]

Nosotros, los seres humanos, somos un grupo de egocéntricos. Incluso aquellos de nosotros que tienen una relación personal con el Creador, suelen ser descuidados y no le dan la alabanza que merece. Elegimos, más bien, centrarnos en nuestros propios problemas y deseos egoístas. Si intentamos poner la alabanza al principio de nuestra lista de prioridades, a menudo resulta difícil seguir hasta el final; la alabanza no es algo que surja de forma natural en la mayoría de nosotros.

¿Cómo podemos, pues, desarrollar un espíritu de alabanza cada día? En primer lugar, amplía el tiempo que pasas en oración. A medida que vas siguiendo tu rutina diaria, descubre nuevas razones para ofrecer tu agradecimiento al Padre: el refrescamiento de una ducha caliente, un trabajo que hacer, colaboradores con los que interactuar, comida para satisfacer el hambre, la sonrisa de un amigo, el cambio de estaciones... ¡la lista no tiene fin!

A continuación, salpica tus conversaciones con la esperanza que tu fe proporciona. Reconoce verbalmente la bondad y la provisión de Dios en tu vida y en la de otros. Llama a las coincidencias por su verdadero nombre: la mano del Padre. No temas dejar que tu alabanza recién hallada rebose hasta alcanzar todos los ámbitos de tu vida.

*¡Padre, tú eres mi Dios, mi Redentor todopoderoso y mi Amigo! Te alabo por las cosas maravillosas que haces cada día en mi vida. ¡Te alabo por ser tú! ¡Que todo mi ser alabe al Señor!*

# *Hoy Dios quiere que sepas...*
## CÓMO AMAR

### KATE E. SCHMELZER

*Ama al Señor tu Dios con todo tu corazón, con
todo tu ser y con toda tu mente, le respondió
Jesús. Éste es el primero y el más importante
de los mandamientos. El segundo se parece a
éste: Ama a tu prójimo como a ti mismo.*
MATEO 22.37-39 NVI

Los cristianos han recibido dos encargos: amar
a Dios y amarse los unos a los otros.

La gente dice que amar es una decisión. Suena
bastante sencillo, ¿no es así? Lo que ocurre es que
decir a otros que los amamos y mostrar ese amor
son dos realidades bien distintas. Reconozcámoslo,
algunas personas son más difíciles de amar que
otras. Hasta amar y servir a Dios puede parecer
más fácil en un día menos estresado.

Piensa en esas tiendas abiertas las veinticuatro horas. Están por todas partes. ¿Por qué?
Porque a lo largo del viaje las personas necesitan

cosas. Es prácticamente imposible realizar un trayecto largo sin detenerse. Ya sea para repostar combustible, un pequeño refrigerio, una bebida que apague nuestra sed, todos necesitan algo. Los propietarios de las estaciones de servicio lo saben, y nosotros también deberíamos ser conscientes de ello.

Tal vez no siempre sea conveniente amar a Dios cuando la lista de quehaceres sigue estirándose hasta el infinito o cuando un amigo nos pide un favor que nos toma más tiempo del que querríamos dedicar. Pero el amor de Dios está disponible las veinticuatro horas, los siete días. Jamás nos deja en espera ni distribuye su amor en cantidades racionadas. Nunca se toma un día libre, y su amor es abundante.

*Señor, prometo amarte a ti y a mi prójimo con todo mi corazón. Amén.*

## QUE SU AMOR ES ETERNO

### EILEEN KEY

*Jehová te bendiga, y te guarde; Jehová*
*haga resplandecer su rostro sobre ti,*
*y tenga de ti misericordia.*
NÚMEROS 6.24-25 RVR1960

Una vez tenemos una relación con Dios Padre, por medio de Jesucristo, estamos en línea para recibir una multitud de bendiciones. Billy Graham dijo: «Piensa en las bendiciones que con tanta facilidad damos por sentadas: la vida en sí; la protección del peligro; cada ápice de salud que disfrutamos; cada hora de libertad; la capacidad de ver, oír, hablar, pensar e imaginar todo lo que procede de la mano de Dios». Sin darnos cuenta, fuimos bendecidos cuando abrimos nuestros ojos esta mañana. Algunas de nosotras podemos añadir amigas, familia, libertad y posesiones a esta lista de bendiciones.

¿Por qué no reconocemos todas nuestras bendiciones? Porque es propio de la naturaleza humana centrarse en lo equivocado y perderse aquello que es muy correcto. Vencemos este hábito alabando a Dios y manteniendo una comunión con él. Cuando bendecimos a Dios en fiel alabanza y él nos bendice, el resultado es una fuerza renovada para el vivir diario.

El amor de Dios por nosotros es eterno, como lo son sus dones. Es necesario que abramos nuestros brazos y nos convirtamos en receptores agradecidos de todo lo que él ha dado. Alábale y bendice su santo nombre.

*¡Señor, me has dado tanto! Estoy agradecida.*
*Quiero darte gracias por tus dones. Amén.*

# QUE ÉL ESTÁ OCUPADO TRABAJANDO
## ENTRE BAMBALINAS

### SHANNA D. GREGOR

*Ahora bien, la fe es la garantía de lo que se
espera, la certeza de lo que no se ve.*
HEBREOS 11.1 NVI

Todas las producciones de cine, teatro y depor-
tivas requieren que haya gente entre bambalinas. La audiencia rara vez percibe el trabajo que
hay detrás del producto final acabado. Horas de
preparación, planificación y acoplamiento técnico
se juntan antes de que la audiencia vea una sola
representación, el resultado del duro trabajo de la
compañía productora.

Del mismo modo, tu fe obra entre los bastidores de tu vida para producir un resultado inspirado
por Dios en las situaciones a las que te enfrentas.
Lo que ves no es lo que obtienes cuando caminas
por fe.

Recibe aliento hoy porque, independientemente de lo que ocurra en el ámbito natural —lo que ves con tus ojos—, no tiene por qué ser el resultado final de tu situación. Si le has pedido algo a Dios, puedes confiar en que él se está ocupando de todos los detalles entre bambalinas.

Lo que ves en estos momentos, cómo te sientes, no es una imagen de lo que tu fe está produciendo. Está en plena actividad y Dios está ocupado trabajando para que todas las cosas concurran y te beneficien.

*Padre celestial, lo que veo hoy no es lo que voy a obtener. Gracias por trabajar detrás de bastidores para producir lo mejor para mi vida. Amén.*

# *Hoy Dios quiere que sepas...*
## QUE ÉL CUMPLE SUS PROMESAS

### DENA DYER

*Entonces Moisés convocó a todo el pueblo de Israel y le dijo: «Tú has visto con tus propios ojos todo lo que el Señor hizo[...]. Durante cuarenta años te guié por el desierto, sin embargo, ni tu ropa ni tus sandalias se gastaron [...], para que supieras que él es el Señor tu Dios.*

### DEUTERONOMIO 29.2-6 NTV

Cada temporada electoral, los candidatos políticos le comen la oreja a los oyentes prometiendo cuidar a sus votantes. Uno promete recortar impuestos. Otro afirma que va a arreglar el cuidado sanitario y proporcionar alivio a la clase media.

No obstante, hay una tumba adonde suelen ir a morir las promesas políticas. Cuando ya están en el cargo, muchos políticos se distraen con activistas o con los líderes de su partido. Y, de nuevo, nos sentimos decepcionados.

Con todo, nuestro deber y privilegio como ciudadanos consiste en votar. Pero ya sea que nos alineemos con el lado conservador o el liberal de la política, no debemos confiar en el gobierno —ni en ningún político— para salvarnos. Jesucristo es el único Salvador. Y él nunca rompe sus promesas.

Cuando los hijos de Israel sufrían bajo sus opresores egipcios, Dios los libertó con señales y prodigios. Luego, vagaron durante cuarenta años por el desierto, y cada día tenían la comida y el agua suficiente para su sustento.

Dios hará lo mismo por nosotros. Nos vestirá, nos alimentará, nos dará abrigo y nos rescatará de los que intentan oprimirnos. Lo que el gobierno no puede —o no quiere— hacer, es posible para Dios. Deposita tu confianza en él.

*Señor, gracias porque prometes cuidar de nosotros. Ayúdanos a no poner demasiada confianza en los líderes o los intermediarios.*

## QUE ÉL ES INMUTABLE

### RAMONA RICHARDS

*Todo tiene su tiempo, y todo lo que se quiere debajo del cielo tiene su hora.*
ECLESIASTÉS 3.1 RVR1960

El cambio es una parte normal de la vida moderna, algo tan rutinario como una tormenta vespertina, y, con frecuencia, igual de desagradable. Los empleos cambian o desaparecen. Los amigos se mudan. Nacen bebés y los niños se gradúan y se casan. El cambio nos llega a todos; cae sobre unas vidas ya repletas hasta los topes de responsabilidades y estrés.

Solo existe una cosa que no cambia jamás: Dios. Cuando nuestro mundo es como un torbellino y amenaza con salirse de todo control, podemos saber que esto nunca toma a Dios por sorpresa y nada de lo que ocurre lo encuentra con la guardia baja. Así como guió a David en noches oscuras y a José durante el tiempo que pasó en prisión, Dios puede mostrar un camino seguro para salir de cualquier dificultad. Él es capaz de tornar los tiempos más duros en algo bueno. Del mismo modo que apoyó a sus siervos en épocas pasadas, siempre estará con nosotros, vigilando y amando.

*Señor, ayúdame a recordar tu amor y tu dirección cuando mi vida se pone patas arriba. Concédeme sabiduría para el viaje y esperanza para el futuro. Amén.*

## CÓMO ES SU CONSUELO

EMILY BIGGERS

*Toda la alabanza sea para Dios, el Padre de
nuestro Señor Jesucristo. Dios es nuestro Padre
misericordioso y la fuente de todo consuelo. Él nos
consuela en todas nuestras dificultades para que
nosotros podamos consolar a otros. Cuando otros
pasen por dificultades, podremos ofrecerles el mismo
Consuelo que Dios nos ha dado a nosotros.*
2 CORINTIOS 1.3-4 NTV

El consuelo o lo reconfortante suele asociarse
con sofás y cojines, asientos de cuero de au-
tomóviles de lujo y colchones que se ajustan para
adaptarse al contorno de nuestro cuerpo. Existe
comida reconfortante como el pastel de pollo, la
sopa de patata y los macarrones con queso.

Si has sufrido alguna pérdida o un dolor
insoportable en tu vida, ya conocerás el significado
más profundo de la palabra consuelo. Lo necesitabas y espero que lo recibieras.

Dios es la mayor fuente de Consuelo que el espíritu humano hallará jamás. Dios escucha. Provee. En ocasiones, casi puedes sentir cómo su mano toca tu frente al bendecirte con sueño, tras muchas noches de insomnio.

Al experimentar el consuelo de Dios, podemos reconfortar a otros. Sobre todo, deberíamos alcanzar a otros que se están enfrentando a un reto que ya hemos afrontado nosotros. Hay algo en el consuelo que da por empatía quien ha atravesado la misma situación que nosotros, que significa mucho más que la compasión de quien no lo ha experimentado.

¿Hay alguien en tu vida que podría usar algún consuelo? Ofrécelo en cualquier detalle pequeño que esté a tu alcance. El Dios de consuelo te ha reconfortado a ti. Por tanto, haz tú lo mismo con otros en su nombre.

*Padre de misericordia, consuélame en*
*mis tiempos de necesidad y muéstrame*
*a quiénes podría consolar. Amén.*

*Hoy Dios quiere que sepas...*

## QUE HAY FUERZA EN LA QUIETUD

### LEAH SLAWSON

*Estad quietos, y conoced que yo soy Dios; seré exaltado entre las naciones; enaltecido seré en la tierra.*
SALMO 46.10 RVR1960

La radio suena en el auto. El televisor se oye a todo volumen en la casa. Los teléfonos repiquetean en ambos lugares. La computadora entrega correos electrónicos y mensajes instantáneos. Los mensajes de texto emiten un bip en un artilugio portátil. Nuestro mundo moderno rara vez permite la quietud. Nuestra sociedad se precipita de una cosa a la siguiente. Para muchos, la quietud y el silencio no llegan hasta que se quedan dormidos.

A pesar de ello, Dios dice que se le conoce en la quietud. En Isaías 30.15 (RVR1960) leemos: «En descanso y en reposo seréis salvos; en quietud y en confianza será vuestra fortaleza». Dios afirma que la quietud es buena para nosotros. Es la forma en la que llegamos a conocerlo y a conseguir nuestra fuerza de él.

Es el Creador del universo. Hace cada día de veinticuatro horas. Gobierna el sol y la luna, el día y la noche. Conoce a cada gorrión que cae al suelo. Nunca se adormece ni se duerme. Podemos confiar en él en los distintos momentos de nuestra vida y sacar tiempo para estar a solas, esperando en él para ordenar nuestro día. Podemos confiar en que él se reunirá con nosotros en la pausa. Él es Dios; por tanto, podemos estar quietos.

*Padre, ayúdame a estar hoy quieta delante de ti. Capacítame para confiar en ti en las preocupaciones de mi vida.*

*Hoy Dios quiere que sepas...*

# QUE SERÁS RECOMPENSADA
# POR TU PACIENCIA

### EILEEN KEY

*Bueno es el Señor con quienes en él confían,*
*con todos los que lo buscan. Bueno es esperar*
*calladamente a que el Señor venga a salvarnos.*
## LAMENTACIONES 3.25-26 NVI

La vida nos proporciona a todos un entrenamiento de espera: esperar en una fila, esperar por el tráfico, esperar noticias de un nuevo empleo, esperar un informe médico del laboratorio. La paciencia es más que una virtud en el mundo hipersónico de hoy, es una herramienta de supervivencia esencial para una vida feliz. Y tenemos tantas oportunidades de practicarla ¡que ya deberíamos ser unos expertos en ella! Sin embargo, rara vez lo somos. Queremos respuestas ahora.

Las Escrituras recogen que los milagros se desarrollan según el horario de Dios, y no el nuestro.

Sara en un baby shower, embarazada a sus noventa años. David escondido en una cueva, esperando convertirse en rey. Pablo nos exhorta en Hebreos a correr con aguante y resistencia aun cuando no veamos resultados inmediatos. La mano de Dios está obrando en nuestra vida cuando nos sometemos por completo a su reloj. Anhela que sus hijos dejen de preocuparse y se limiten a esperar pacientemente.

Hoy, escojamos abandonar nuestros derechos y rindámonos al calendario de Dios. Las recompensas serán extraordinarias. Su Palabra lo promete.

*Amado Padre, no se me da bien esperar pacientemente. Ayúdame a aprender a apoyarme en ti. Amén.*

## QUE ESTÁ JUNTO A TI

DONNA K. MALTESE

*Así estará con ustedes el Señor Dios
Todopoderoso, tal como ustedes lo afirman.*
AMÓS 5.14 NVI

Algunas veces nos cuesta sentir la presencia de Dios, sobre todo en situaciones problemáticas. En esos momentos podemos preguntar: «Señor, ¿dónde estás?».

Dios nos ha dicho que nunca nos dejará ni nos abandonará (ver Dt 31.6). Por tanto, si sentimos que Dios no está cerca, tal vez la distancia obedezca a nuestra propia elección.

Tenemos que creer que Dios está siempre con nosotros (ver Mt 28.20). El conocimiento de que cuando lo buscamos, él está cerca es un conocimiento que ha de estar necesariamente implantado en nuestro corazón, alma y mente.

Dios nos advierte: «Por falta de conocimiento mi pueblo ha sido destruido» (Os 4.6 NVI). ¡Cuán cierto es esto! El destructor disfruta con la idea de que nos apartemos de Dios y perdamos nuestra familiaridad con él. El maligno celebra cuando nos abstenemos de leer la Palabra de Dios, de orar y de alabarlo.

Repítete cada día la verdad: que Dios está siempre contigo. Entonces, él «estará con ustedes tal como ustedes lo afirman».

Y durante esos momentos en los que sientes como si la presencia de Dios se hubiera deslizado fuera de tu vida, mira a tu alrededor. Comprueba dónde te encuentras. Y entonces ponte en movimiento. Analiza la bondad de su Palabra. Busca su rostro. No le pierdas de vista. Proclama que él está ahí, justo a tu lado. Y allí estará, como lo has afirmado.

*Gracias, Señor, por estar siempre conmigo. Contigo a mi lado ¡viviré! No seré destruido. Lo venceré todo. Gracias por ser inamovible. Amén.*

*Hoy Dios quiere que sepas...*

## QUE ERES SU HIJA

### EMILY BIGGERS

*Todos ustedes son hijos de Dios
mediante la fe en Cristo Jesús.*
GÁLATAS 3.26 NIV

Gálatas 3.26–29 está lleno de declaraciones sobre quién eres como cristiano. Eres simiente de Abraham. Eres una heredera según la promesa de Dios. Y, lo mejor de todo, eres una hija de Dios. Gálatas nos recuerda que no hay varón ni mujer, raza o estatus social a los ojos del Señor. Los creyentes son verdaderamente uno en Cristo.

Tal vez hayas tenido una crianza maravillosa con unos padres amorosos. O quizá no hayas tenido tanta fortuna. Es posible que hayas pasado años en acogida, o con padres maltratadores.

Ya sea que tu infancia reflejara el amor o el abandono, ¡hay buenas noticias! Como cristiana, eres una hija del Rey de reyes, el Señor de señores, el Dios soberano. Fue él quien colgó las estrellas en el cielo, y también sabe cuántos cabellos hay en tu cabeza. No eres una mera amiga de Dios o un pariente lejano. ¡Eres su hija!

Si tienes un hijo, considera el amor incondicional que sientes por él o ella. Por intenso que sea ese sentimiento, tu capacidad de amar es limitada porque eres un ser humano. Por el contrario, Dios nos ama de un modo que no entenderemos por completo hasta llegar al cielo. Él es nuestro Abba Padre, nuestro «papito».

*Gracias, Padre, por adoptarme como hija por medio de Cristo. Enséñame a vivir como reflejo del amor de mi Padre. Amén.*

*Hoy Dios quiere que sepas...*

## QUE SU LUZ BRILLARÁ EN LA SENDA MEJOR

### DENA DYER

*Durante todas las marchas de los israelitas, la nube del Señor reposaba sobre el santuario durante el día, pero durante la noche había fuego en la nube, a la vista de todo el pueblo de Israel.*
ÉXODO 40.38 NIV

¿Te has visto alguna vez obligada a escoger entre «lo bueno» y «lo mejor»? Cuando la vida nos pone frente a más de una gran oportunidad, puede resultar difícil de decidir qué hacer. El camino que deberíamos tomar depende de muchos factores distintos, y puede ser que al principio la senda no esté clara.

¿Cómo determinamos la voluntad de Dios? Es una pregunta inmemorial y, con toda seguridad, no es fácil descubrir la elección de Dios para nosotras. Sin embargo, es sencillo. Primero, debemos orar pidiendo su dirección. Él promete darnos sabiduría cuando la pedimos. Segundo, es necesario que escudriñemos su Palabra y nos aseguremos de que nuestra potencial decisión se alinea con la Escritura. Tercero, deberíamos pedir consejo a unos asesores piadosos. Y, cuarto, debemos examinar nuestros corazones para ver si la oportunidad encaja bien con la personalidad, los talentos y las prioridades que Dios nos ha dado.

Ten por seguro que Dios hará resplandecer su luz sobre la senda correcta, así como guió a los israelitas con una columna de nube de día y otra de fuego por la noche. Y cuando llegue, su dirección irá acompañada de paz, gozo y la certeza de haber seguido a Aquel que procura nuestros mejores intereses (y los suyos).

*Padre fiel, te alabo por tu compasión y preocupación por mí. Guíame con tu santa luz al buscar tu voluntad para mi vida.*

# *Hoy Dios quiere que sepas...*
## QUE ÉL TIENE LA SOLUCIÓN PERFECTA

JANICE HANNA

*Ni una palabra más; la ayuda está por llegar, una respuesta está de camino, todo va a salir bien.*

SALMO 20.6

[TRADUCCIÓN LITERAL DE LA VERSIÓN THE MESSAGE]

¿Has necesitado alguna vez que te rescaten? ¿Has estado alguna vez a tal profundidad en el hoyo que te has preguntado si alguien ha oído tus gritos? Tal vez buscabas respuestas, pero no parecías hallarlas. Quizá agotaste todos los recursos. ¡Hay tan buenas noticias para ti hoy! Dios tiene una respuesta para cualquier problema al que te enfrentes. Cualquier problema, grande o pequeño. La ayuda está llegando; la respuesta está en camino. Todo va a salir bien.

¿Qué haces, pues, mientras esperas esa respuesta? ¿Cómo te ocupas de los problemas cuando parecen no tener solución posible? Confía en él. Suena fácil, pero resulta difícil cuando uno se enfrenta a lo desconocido sin respuestas claras. Aun así, Dios anhela que permanezcas fiel durante esas etapas, que recuerdes que la ayuda está llegando de verdad.

Si estás atravesando un tiempo especialmente estresante, si necesitas respuestas y no parecen llegar, comprométete de nuevo a confiar en Dios. No intentes resolver las cosas por ti misma, sino confía en el Rey de reyes, el Señor de señores, Aquel que te creó y que tiene la solución perfecta.

*Señor, todo este tema de la confianza es difícil cuando parece que no consigo hallar las respuestas que necesito. Hoy vuelvo a comprometerme a confiar, no en mí ni en mis respuestas, sino en ti. Gracias, Padre, porque una respuesta está en camino.*

## *Hoy Dios quiere que sepas...*

## QUE TÚ ERES PORQUE ÉL ES

### HELEN W. MIDDLEBROOKE

*Y respondió Dios a Moisés: Yo soy el que soy. Y dijo: Así dirás a los hijos de Israel: Yo soy me envió a vosotros.*
ÉXODO 3.14 RVR1960

Algunas mujeres entran en un estado de frenesí por la cantidad de cosas que tienen que hacer. Otras se quejan de las tareas que no consiguen realizar, y también las hay que se preocupan por lo que todavía les queda por llevar a cabo. La mujer que vive constantemente con pesares pasados y ansiedades futuras puede ser bastante desagradable en el presente.

Dios no es así. No se lamenta ni se preocupa. Aunque existió en la eternidad pasada y estará en la futura, él no es pasado ni futuro. Su nombre más reverenciado es Yo soy. Dios está eternamente presente.

Dios es. Las mujeres son lo que son, donde son y cómo son, porque Dios es.

La vida no trata sobre el hacer, sino acerca de quiénes somos en relación con la identidad de Dios.

El primer llamado que nos hace es para sí mismo y no para su servicio. «Venid a mí todos los que estáis trabajados y cargados, y yo os haré descansar» (Mt 11.28 RVR1960).

Sé la mujer que Dios quiere que seas; descansa en él.

*Oh Padre, quiero hacer tantas cosas en mi vida, pero a veces estoy tan ocupada que no tengo tiempo para ti o para los demás. Enséñame a descansar en ti para ser todo lo que quieres que sea. Amén.*

# *Hoy Dios quiere que sepas...*

## QUE ÉL YA ESTÁ CONECTADO Y ESPERANDO

EILEEN KEY

*La oración del justo es poderosa y eficaz.*
SANTIAGO 5.16 NVI

En nuestro mundo ciberespacial nos comunicamos con los demás a la velocidad de la luz —un correo electrónico, un mensaje instantáneo o un mensaje de texto—, todo esto proporciona resultados rápidos. Pero la oración es incluso más veloz que el mundo digital. Captamos la atención de Dios en el momento en que nos centramos en él.

El concepto del poder de la oración es familiar, pero algunas veces olvidamos lo que significa. Es una poderosa herramienta para comunicar con Dios, una oportunidad de tener comunión con el Creador del universo.

La oración no debe tomarse a la ligera ni usarse de forma infrecuente. A pesar de ello, en la vorágine de la vida cotidiana, a menudo perdemos de vista la presencia de Dios. En lugar de acudir a él en busca de dirección y consuelo, dependemos de nuestros propios recursos.

Pero la oración no es una mera forma de buscar protección y guía; es la manera de desarrollar una relación más profunda con nuestro Padre celestial. Podemos acceder a este poder en cualquier lugar. No necesitamos un punto Wi-Fi ni un módem de alta velocidad. Solo necesitamos mirar hacia arriba. Él está conectado y esperando.

*Gracias, Padre, por estar a mi lado en todo tiempo. Ayúdame a acudir a ti al instante, en necesidad o en alabanza. Amén.*

## *Hoy Dios quiere que sepas...*
# QUE LE PERTENECES

### SHANNA D. GREGOR

*Fueron comprados por un precio.*
1 CORINTIOS 6.20 NVI

A veces, la vida puede parecer un inmenso rompecabezas, y estamos constantemente intentando descubrir cómo encaja nuestro trozo de vida en la imagen panorámica. Todos tenemos el deseo de pertenecer a algo especial, a alguien importante.

Sorprendentemente, es posible que se nos pase por alto el vínculo más importante que tenemos: le pertenecemos a Dios.

Independientemente de dónde hayas estado o de lo que hayas hecho, Dios te ha aceptado. Él lo es todo con respecto a tu futuro, y esto incluye pasar la eternidad con él. Te ha moldeado a la estatura perfecta para que encajes en su propósito y su plan. No importa el camino que tomes; él ha creado un sitio para ti. Te compró al precio de la vida de su propio Hijo. Y te dio todo lo que necesitabas para ser aceptada como heredera conjunta con Jesús.

Cuando parece que otros no te quieren en su equipo o te resulta difícil encajar, recuerda que formas parte de la familia de Dios: has nacido en la familia de la fe. Él te creó y te formó para que te acoplaras perfectamente.

*Padre celestial, gracias por pagar el precio máximo por mí, para que fuera parte de tu familia. Cuando me aceche la tentación de sentirme rechazada o no querida, recuérdame que no tengo que buscar muy lejos para encontrar mi lugar perfecto en ti. Amén.*

## *Hoy Dios quiere que sepas...*

## QUE ÉL ES EL DADOR DE TODO LO BUENO

EILEEN KEY

*Confortará mi alma; me guiará por sendas
de justicia por amor de su nombre.*
SALMO 23.3 RVR1960

En ocasiones nos desalentamos al ver la dirección de nuestra vida. No elegimos las circunstancias ni se ajustan al plan que habíamos establecido. El horario de Dios no concuerda con el nuestro. Sin embargo, para mantener en calma a todos los que nos rodean, nos colocamos una sonrisa y avanzamos con dificultad por las turbias aguas.

Anímate. El Señor ha prometido que escucha nuestras súplicas y conoce nuestras situaciones. Jamás nos abandonará. Nuestro Dios no es un Dios de negatividad, sino de posibilidad. Nos guiará a través de nuestras dificultades y más allá de ellas. En *Manantiales en el desierto*, la señora de Charles E. Cowman declara: «Cada infortunio, cada fallo y cada pérdida pueden ser transformados. Dios tiene el poder de transformar todas las adversidades en "regalos del cielo"».

Hoy deberíamos dirigir nuestros pensamientos y oraciones hacia él. Céntrate en un himno o un cántico de alabanza y hazlo sonar en tu mente. La alabanza ahuyenta todo estancamiento y dibuja una sonrisa en nuestros labios. Podemos agradecer al Dador de todo lo bueno con un espíritu renovado de optimismo. La gratitud al Padre puede convertir nuestras sonrisas de plástico en otras verdaderas, y, como afirma el salmo, nuestras almas serán restauradas.

*Padre, hoy estoy desanimada. Tú eres mi*
*fuente inagotable de fuerza. Recógeme*
*en tus brazos para siempre. Amén.*

# Que él ve lo que el mundo no percibe

### Julie Rayburn

*Así tu Padre, que ve lo que se hace
en secreto, te recompensará.*
### Mateo 6.6 nvi

Vivimos dos vidas. La visible se vive delante de los demás. El Señor es el único que conoce nuestra vida secreta. ¿Son coherentes? Muchas veces, el motivo subyacente en nuestras acciones es impresionar a otros. Nuestro verdadero corazón se manifiesta por lo que hacemos en secreto, cuando solo el Señor observa.

¿Cómo escogemos gastar nuestro tiempo y nuestro dinero? ¿Oramos en voz alta para parecer espirituales a los ojos de otros? ¿Somos generosas para lograr cierta reputación? ¿Mencionamos el diezmo y el ayuno para parecer piadosos? Cuando analizamos nuestros motivos, debemos admitir que a veces nos preocupa más ganar el aplauso de la gente que el de Dios.

Tal vez tus sacrificios entre bambalinas pasan desapercibidos ante el mundo. No te desalientes. Dios los conoce. Él oye tus oraciones y ve lo que estás haciendo en secreto para servirle. Los tesoros eternos se almacenan en el cielo. Tus actos desinteresados serán recompensados. No tires la toalla pensando que no es relevante. Le importa a Dios. Procura agradarle a él por encima de cualquier otro. Vive ante una audiencia de Uno para que tu vida le honre.

*Señor, ayúdame a caminar en tu verdad de forma coherente. Que lo que hago en secreto pueda darte gloria. Haz que no busque la aprobación de los demás, sino la tuya sola. Amén.*

## QUE PUEDE CAMBIAR TU CORAZÓN

### DENA DYER

*Les quitaré su terco corazón de piedra y les daré un corazón tierno y receptivo, para que obedezcan mis decretos y ordenanzas. Entonces, verdaderamente serán mi pueblo y yo seré su Dios.*
EZEQUIEL 11.19-20 NTV

Normas; vivimos por ellas cada día. Obedecemos las de tráfico (no conduzcas demasiado rápido) y las creadas por nuestros jefes (no se realizan trabajos personales durante el horario de la compañía). Nuestra vida también se rige por las reglas de la sociedad: apagamos nuestros celulares durante las películas y no hablamos en los ascensores.

Y, como creyentes, intentamos obedecer las de Dios. Procuramos que Dios esté orgulloso no tomando su nombre en vano, asistiendo a la iglesia y dando dinero para los ministerios. Hablamos de él cuando surge la oportunidad, escuchamos música cristiana ¡e incluso vestimos camisetas cristianas!

¿Pero cuánta de nuestra obediencia sale de un sentido del deber? Después de todo, Dios no quiere que lo obedezcamos por miedo a que nos castigue, sino por amor a él. Si somos obedientes por sentido del deber, pide a Dios que cambie tu corazón. Considera todo lo que él ha hecho por ti: ha dado a su Hijo, ha perdonado tus pecados, ha contestado tus preguntas. Trae a tu memoria que se entregó a sí mismo libremente, sin compromisos.

Cuando meditas en su carácter y te convences de su amor por ti, la obediencia se convertirá en una delicia y no en un deber.

*Padre, te alabo por el amor que dejó el cielo atrás. Ayúdame a amarte más.*

## QUE PUEDE REALIZAR COSAS
## ASOMBROSAS POR MEDIO DE TI

RACHEL QUILLIN

*Porque nosotros somos colaboradores de Dios, y*
*vosotros sois labranza de Dios, edificio de Dios.*
1 CORINTIOS 3.9 RVR1960

¿No es sorprendente que Dios nos permita trabajar con él para realizar grandes cosas para su reino? En realidad, Dios podría haber llamado a sus ángeles para realizar aquello que nos encarga a nosotros. Para llevar a cabo su obra, podría haber escogido un método que requiriese menos trato con la testarudez y las excusas; pero Dios eligió usarnos a nosotros, su creación humana. ¡Qué privilegio tan maravilloso tenemos!

Dios no solo escoge usarnos en su obra; también sigue obrando en nuestras vidas para moldearnos en las obras maestras que ha planeado.

Cuanto más le permitimos hacer en nosotros, más será capaz de realizar por medio de nosotros.

Es importante que tomemos conciencia de que Dios quiere obrar en y por medio de nosotros durante toda nuestra vida. No estaremos completos hasta llegar al cielo, donde veremos a Cristo tal como él es. Si nos conformamos con lo que somos estando aún en la tierra, esto es orgullo, el principio de nuestra perdición. Cuanto más satisfechos estemos con nuestra madurez espiritual, menos podrá Dios usarnos. Hemos de luchar a diario para ser más como Cristo si deseamos ser útiles para Dios.

*Oh gran Dios, es un honor servirte.*
*Te pido que trabajes en mi vida para*
*que pueda ser útil en tu obra.*

## QUE SU FUERZA ES TU FUERZA

JANICE HANNA

*Una palabra final: sean Fuertes en*
*el Señor y en su gran poder.*
EFESIOS 6.10 NTV

¿Has pensado alguna vez en lo fuerte que es Dios? Con la fuerza de su Palabra, creó los planetas y las estrellas. Esa misma fuerza hizo retroceder el mar Rojo para que los israelitas pudieran cruzar. Fue su fuerza la que proporcionó a David el valor de enfrentarse a Goliat. Fue su fuerza la que ayudó a Josué a afrontar a sus enemigos en Jericó. Su fuerza dio vigor a Noemí y Rut, y reside en cada creyente que invoca el nombre de Jesús.

¡Qué maravilloso es tomar conciencia de que tenemos ese poder obrando en nuestro interior! El mismísimo Dios del universo nos fortalece con su poder, y no con el nuestro. Si dependiera de nosotros, habríamos provocado un caos, ¿no es así?

Bueno, tal vez reuniríamos un poco de fuerza en los buenos días, ¿pero qué hay de los malos?

Quizá nunca hayas entendido por completo lo que significa acceder a la fuerza de Dios. Tal vez todavía no te sientas fuerte. Empieza a memorizar textos de las Escrituras como este más arriba. Pega notas en tu espejo, tu refrigerador, y tu mesilla de noche a modo de recordatorio. Luego empieza a citar dichos textos a diario ¡y observa cómo empieza a crecer su fuerza en tu interior!

*Señor, en mí misma soy débil. Dependo por completo de ti. Gracias porque la misma fuerza que residía en David, Josué, Noemí y Rut también vive en mí. ¡Mi fuerza reside en tu gran poder!*

*Hoy Dios quiere que sepas...*

## QUE ÉL MIDE SU FUERZA EN ALMAS

### SHANNA D. GREGOR

*Así amó Dios al mundo: dio a su Hijo, su único
Hijo. Y esta es la razón: para que no sea necesario
destruir a nadie; creyendo en él, cualquiera
puede tener una vida completa y eterna.*

### JUAN 3.16

[TRADUCCIÓN LIBRE DE LA VERSIÓN THE MESSAGE]

En esta época, la productividad tiene un gran
peso en los negocios. Con frecuencia lo tiene
en la revisión de rendimiento que determina los
ascensos y los aumentos de sueldo. Teniendo esto
en mente, a veces puede parecer difícil equilibrar la
productividad con las relaciones que mantenemos
con otras personas, sobre todo con aquellas con las
que trabajamos cada día.

Podemos vernos tan envueltas en la tarea que
intentamos llevar a cabo que olvidamos que la
vida trata de personas —las relaciones— que Dios
ha puesto a nuestro alrededor. Debemos tener

cuidado de centrarnos de tal modo en una tarea que descontemos el valor de los demás. Debemos desconectar del trabajo en sí y centrarnos en la persona, y esto significa algunas veces que dejemos lo que estamos haciendo por uno o dos minutos, el tiempo suficiente de escuchar de verdad lo que alguien está diciendo. Nos necesitamos los unos a los otros —como amigos, familia o solo como conocidos de paso— para poder llevar una vida de éxito.

Dios mide su riqueza en almas. Este debería ser también nuestro enfoque.

*Señor, ayúdame a saber cuándo es el momento de dejar la tarea y atender a la relación. Amén.*

## *Hoy Dios quiere que sepas...*
## Cuánta es su bondad todos
## y cada uno de los días

### Sarah Mae Ratliff

*Hubiera yo desmayado, si no creyese que veré la bondad de Jehová en la tierra de los vivientes.*
### Salmo 27.13 rvr1960

Aunque es verdad que Dios ha planeado una vida de gozo para nosotros con él en la eternidad, en el cielo, también tiene planes excelentes para nosotros aquí y ahora. Dios quiere que disfrutemos de su bondad cada día de nuestra vida.

Puedes comparar tu vida terrenal a un crucero de vacaciones o a un viaje por carretera con tus mejores amigos. Cuando haces un viaje, llegar a un destino en particular no debería ser lo único divertido, sino que habrías de disfrutar de todas las partes del trayecto. Planeas pasarlo bien durante todo el tiempo que compartes con tus amigos al participar en las actividades programadas en el barco o al detenerte para contemplar las vistas que percibes de pasada al conducir. Esperas deleitarte todo el camino.

Del mismo modo, la bondad de Dios no solo es para cuando lleguemos al cielo. Él quiere que nos deleitemos y disfrutemos de él durante todo el viaje. Recuerda que a él le importa tu trabajo, tu familia, tus emociones y las cosas por las que tú te preocupas. Busca el bien que él está haciendo en tu vida y gózate al saber que el Amigo que te acompaña en tu viaje se preocupa profundamente por ti.

*Amado Señor, gracias por permitirme ver*
*tu bondad cada día. Ayúdame a disfrutar*
*la vida que me has dado. Amén.*

*Hoy Dios quiere que sepas...*

## QUE TU NOMBRE ES MÚSICA
## PARA SUS OÍDOS

### EMILY BIGGERS

*Pero ahora, así dice el Señor, el que te creó, Jacob,*
*el que te formó, Israel: No temas, que yo te he*
*redimido; te he llamado por tu nombre; tú eres mío.*
ISAÍAS 43.1 NVI

¿Recuerdas tu primer día de escuela? El profesor pasó lista y tú esperaste que se anunciara tu nombre. Al oírlo, supiste que formabas parte de aquella clase; pertenecías a ella.

Esperamos que nuestros nombres se pronuncien muchas veces en la vida: cuando los capitanes escogen equipos, mientras estás sentado en la sala de espera del médico, o cuando esperas que te hagan pasar para una entrevista laboral. Al escuchar nuestros nombres, al vernos reconocidos, nos sentimos reconfortados.

Dios conoce tu nombre. Te creó y te redimió del pecado por medio de su Hijo, Jesús, si le has aceptado como tu Salvador personal. Te conoce. Él compuso tu personalidad y remató su obra maestra dándote todo tipo de gustos y aversiones, de sueños y deseos, de pasiones y preferencias. Tú eres su diseño exclusivo, su hija, su amada.

Aunque sientas que no perteneces a ningún sitio, le perteneces a Dios. Se deleita en ti. Eres su tesoro. Envió a Jesús a morir en la cruz para darte vida abundante. ¡Quiere pasar la eternidad contigo! Te llama por tu nombre, y este es música en los oídos de tu Padre.

*Señor, te doy las gracias por conocer mi nombre y por amarme incondicionalmente. Amén.*

## CÓMO ES LA PLENITUD DE SU GRACIA
## Y QUE SEAS EJEMPLO DE ELLA

### ANNIE TIPTON

*¿Por qué te fijas en la astilla que tiene tu*
*hermano en el ojo y no le das importancia*
*a la viga que tienes en el tuyo?*
LUCAS 6.41 NVI

Lo admitamos o no, juzgamos a los demás. Quizá sea por su aspecto («¿Pero cuántos tatuajes necesita tener una persona?») o por su inclinación política («¿Cómo puedes llamarte cristiano y votar a un presidente de ese partido?»). A veces encasillamos a los demás a causa de un acento («¡Qué campesino ignorante!»), o por un logro de alguna clase («El Sr. Sabelotodo se cree mejor que nadie por su doctorado»).

Dios, nuestro Padre, nos insta a no juzgar a los demás de esta manera. Después de todo, él no mira nuestra apariencia externa. No presta atención a nuestra filiación política ni a ninguna otra cosa de nuestra vida que esté abierta a la interpretación. Él mira al corazón y nos juzga por tener o no una relación personal con él.

En Lucas 6.41, Jesús nos recuerda por medio de su analogía de la astilla y la viga que ninguno de nosotros es irreprensible. Cuando nos enfrentemos a la tentación de juzgar a otros, es importante que pongamos nuestros defectos en perspectiva. Trabaja hoy en eliminar la viga de tu ojo ¡y alaba a Dios por su don de gracia!

*Señor, te ruego que me perdones por las veces que he juzgado a otros. Ayúdame a desarrollar un espíritu amable que pueda compartir tu amor y tu esperanza de una forma no crítica. Amén.*

# Hoy Dios quiere que sepas...
## QUE TE AYUDARÁ A ALMACENAR TESOROS EN EL CIELO

### EMILY BIGGERS

*Sino haceos tesoros en el cielo, donde la polilla ni el orín corrompen, y donde ladrones no minan ni hurtan.*
MATEO 6.20-21 RVRI960

Los mapas del tesoro aparecen con regularidad en las historias para niños y las películas de piratas. ¿Qué es tan intrigante en un mapa del tesoro? ¡Que conduce a un tesoro! Algunos recorrieron grandes distancias en busca de un tesoro para descubrir finalmente que el mapa era un fraude y que no existía fortuna alguna.

Imagina un mapa del tesoro dibujado a partir de tu vida, con todas sus vueltas y rodeos. ¿Dónde empleas tu tiempo? ¿Cómo usas tus talentos? ¿Conduciría el mapa al cielo, o acaso tu tesoro está en cosas terrenales?

Cada día consta de veinticuatro horas, independientemente de cómo las uses. Escogemos en cuanto a las prioridades de nuestra vida. El mundo envía mensajes sobre cómo deberíamos pasar nuestro tiempo; sin embargo, si escuchamos la apacible y suave voz de Dios, aprenderemos cómo «hacernos tesoros en el cielo».

Nutrir relaciones y compartir a Cristo con otros, así como leer la Palabra de Dios y llegar a conocerlo a través de la oración son ejemplos de cómo almacenar tesoros en el cielo. Usar nuestros dones para su gloria también es importante. Los dividendos de tales inversiones no tienen precio.

*Dios eterno, ayúdame a hacer tesoros en el cielo con las elecciones que haga hoy. Dame oportunidades para mostrar tu amor. Recuérdame la importancia del tiempo que paso contigo. Amén.*

## QUE SU PRESENCIA TRAE BENDICIONES

JULIE RAYBURN

*Vengan, síganme —les dijo Jesús—, y
los haré pescadores de hombres.*
MATEO 4.19 NVI

La playa estaba vacía, a excepción de una
paseante solitaria cerca del borde del agua. A
cada paso que daba, sus pies dejaban una huella en
la arena. Pero cuando las olas lamían la orilla, esta
desaparecía rápidamente. Seguir sus pisadas habría
sido imposible a menos que alguien estuviera
caminando muy cerca, detrás de ella.

Jesús pidió a sus discípulos que lo siguieran,
y nos hace la misma petición a nosotros. Suena
sencillo, pero seguir a Jesús puede suponer un
desafío. A veces nos impacientamos, y no queremos esperar en el Señor. Corremos por delante de
él, ocupándonos nosotros mismos de los asuntos y
tomando decisiones sin consultarle primero. O tal
vez no somos diligentes para mantener el mismo

paso que él. Nos quedamos atrás, y, muy pronto, Jesús parece estar demasiado lejos.

Seguir a Jesús requiere estar pegado a sus talones. Es necesario que estemos lo bastante cerca para oír su susurro. Permanecer cerca de su corazón abriendo la Biblia cada día. Permitir que su Palabra hable a tu corazón y te dirija. A lo largo del día, eleva oraciones pidiendo dirección y sabiduría. Mantén su paso y su presencia cercana, te bendecirá sin medida.

*Amado Señor, concédeme el deseo de seguirte. Ayúdame a no correr delante de ti ni a rezagarme. Amén.*

## QUE TE CONCEDERÁ LOS
## DESEOS DE TU CORAZÓN

RACHEL QUILLIN

*Deléitate asimismo en el Señor, y él te*
*concederá las peticiones de tu corazón.*
SALMO 37.4 RVR1960

¿Qué es lo que más deseas? ¿Una carrera de éxito o una importante cuenta bancaria? ¿Anhelas a alguien con quien compartir cenas románticas o pintorescos paseos en bicicleta? En realidad no importa. Lo relevante es que estés plenamente comprometida con Dios. Cuando este sea el caso, los deseos de tu corazón serán los que él coloque allí. Te los concederá, porque le honrarán a él.

Demasiadas veces consideramos las promesas de Dios como una especie de fórmula mágica. No nos damos cuenta de que tienen más que ver con nuestra propia relación con él. Comienza con un deseo del corazón por vivir tu vida de un modo que agrade a Dios. Solo entonces tendrá lugar su cumplimiento.

La promesa del salmo 37.4 no pretende ser para ganancia personal, aunque en ocasiones sea un beneficio colateral. Significa glorificar a Dios. Él quiere concederte los deseos de tu corazón cuando estos se alineen con su plan perfecto. Al deleitarte en él, sus anhelos se convertirán en los tuyos, y serás grandemente bendecida.

*Señor, sé que quieres otorgarme los deseos de mi corazón. Ayúdame a vivir de una forma que lo haga posible.*

## QUE ES TIEMPO DE DAR

TRACY BANKS

*Den, y se les dará: se les echará en el regazo
una medida llena, apretada, sacudida y
desbordante. Porque con la medida que
midan a otros, se les medirá a ustedes.*
LUCAS 6.38 NVI

Todos los días encuentras oportunidades de servir a los demás. Tal vez tengas un amiga enferma que necesita ayuda para limpiar su casa. Una persona mayor de tu iglesia puede requerir que le eches una mano con sus compras. A un compañero de trabajo le vendría muy bien un poco de ayuda para cumplir con un plazo de entrega. La lista de posibilidades es infinita.

La Biblia nos dice que llevemos los unos las cargas de los otros. Puedes pensar que no tienes nada que dar, pero como hija de Dios, tu suministro es mayor de lo que imaginas. Puedes servir a otros con tu tiempo, una palabra amable, sabiendo escuchar, una ayuda económica, o incluso trabajo físico. No des porque te sientas obligada a hacerlo, sino porque quieras. Dios aprecia el don que se hace con un corazón de siervo.

Ahí afuera hay alguien que necesita tu ayuda. Pide a Dios que te muestre de quién se trata y qué puedes hacer para contribuir a suplir sus necesidades. Dar a otros siempre te reportará abundancia de bendiciones. Entonces, ¿qué esperas? ¡Es tiempo de dar!

*Amado Dios, ayúdame a dar a otros de una forma que traiga gloria y honor a tu nombre. Amén.*

*Hoy Dios quiere que sepas...*

## QUE LOS PROBLEMAS SOLO SON TEMPORALES

### NANCY FARRIER

*Aunque la higuera no florezca, ni en las vides haya frutos, aunque falte el producto del olivo, y los labrados no den mantenimiento, y las ovejas sean quitadas de la majada, y no haya vacas en los corrales con todo, yo me alegraré en el Señor, y me gozaré en el Dios de mi salvación.*
HABACUC 3.17-18 RVR1960

¿Has tenido alguna vez un día en el que todo te ha salido mal? Los perros del vecino ladran toda la noche y no consigues dormir. Derramas café en tu blusa favorita. El auto tiene una rueda pinchada. Excedes el límite de velocidad porque llegas tarde y te ponen una multa. Acabas preguntándote qué más puede salir mal.

En días como estos resulta difícil hallar una razón para gozarse. ¿Cómo podríamos estar alegres cuando cada vez que nos damos la vuelta otro desastre nos golpea? En lugar de saludar a todos con una sonrisa, en esos días deprimentes tendemos a estar de mal humor o refunfuñando. A todo el que parezca dispuesto a escuchar le contamos los infortunios que nos están tocando vivir.

Regocijarse en el Señor no es una cuestión de circunstancias, sino de voluntad. Podemos escoger recordar al Dios de nuestra salvación y sentirnos satisfechos con su amor. Independientemente de cuántas cosas salgan mal, tenemos mucho más que agradecer, a causa de la gracia de Dios.

Él es soberano. Con su ayuda podemos estar por encima de la preocupación de nuestras circunstancias para hallar paz y contentamiento. Entonces, ocurra lo que ocurra en nuestra vida, otros verán el gozo de Dios.

*Gracias Señor, porque provees para mi salvación y mi gozo. Ayúdame a mirarte a ti en lugar de lamentarme en mis dificultades momentáneas. Amén.*

## QUE ÉL ES QUIEN TE BRINDA ALIENTO

JANICE HANNA

*Así que podemos decir con toda confianza:*
*El Señor es quien me ayuda; no temeré.*
*¿Qué me puede hacer un simple mortal?*
HEBREOS 13.6 NVI

¿Te acuerdas cuando, siendo niña, tenías que entregar un proyecto escolar? Todo el asunto parecía abrumador hasta que tu padre decía: «Deja que te ayude con eso». Escuchaba tus ideas y te ayudaba a comprar lo necesario. Por fin llegaba el día de montar el proyecto. En lugar de hacer el trabajo por ti, tu padre se limitaba a hacerte sentir su presencia mientras tú hacías la labor, y te alentaba con frases como: «Eso está muy bien, cariño», y «¡Vaya! ¡Estoy impaciente por verlo acabado!». Sus palabras estimulaban tu confianza y te espoleaban.

Tu Padre celestial te brinda ese aliento del tipo «Eso está muy bien, cariño». ¡Habla de edificar tu confianza! Cuando te enfrentas a una situación difícil, él está junto a ti, pronunciando palabras positivas sobre ti, diciéndote que tienes madera para ser lo mejor que puedas llegar a ser. Y, aunque no tomará las riendas —porque, después de todo, quiere que aprendas de la experiencia—, te aconsejará sobre la marcha.

¿Qué afrontas hoy? ¿Necesitas un ayudador? Dios es el mejor de todos. Solo con saber que está a tu lado tu mente se relajará y hallarás la energía necesaria para las tareas a las que te enfrentas.

*Padre, ¡soy tan feliz de tenerte a mi lado, susurrando palabras de aliento! Eres la mejor ayuda posible. Gracias por tomar mis temores y sustituirlos por confianza divina.*

# *Hoy Dios quiere que sepas...*
## QUE ÉL CUIDARÁ DE TI

### EMILY BIGGERS

*Fíjense cómo crecen los lirios. No trabajan ni hilan; sin embargo, les digo que ni siquiera Salomón, con todo su esplendor, se vestía como uno de ellos. Si así viste Dios a la hierba que hoy está en el campo y mañana es arrojada al horno, ¡cuánto más hará por ustedes, gente de poca fe!*
LUCAS 12.27-28 NVI

Echa un vistazo a la creación de Dios. ¡Ha creado este mundo con detalles tan complejos! Diseñó cada árbol, las majestuosas montañas, un sol glorioso y una luna misteriosa. Cada animal ha recibido marcas, partes y sonidos únicos. ¡Contempla la jirafa de largo cuello, el robusto elefante, el grácil cisne y la cebra perfectamente rayada!

Si Dios hace las flores, cada tipo exclusivo y hermoso, y si envía la lluvia y el sol para suplir sus necesidades, ¿no cuidará también de ti?

Él te hizo. Y el Padre ama aquello que hace.
Y lo cuida. Fuimos hechas a su imagen. Los seres
humanos son de mayor estima para Dios que el
resto de su creación. Descansa en él. Confía en
él. Así como él cuida de las aves del cielo y de las
flores de las praderas, también se encarga de cuidar
a sus hijos e hijas. Deja que lo haga.

*Padre, tu creación me asombra. Recuérdame*
*que soy tu hija amada. Cuida hoy de mí*
*como solo tú puedes hacerlo. Amén.*

## QUE ÉL TE PROPORCIONARÁ
## UNA NUEVA PERSPECTIVA

### JOANNA BLOSS

*Pero no olviden, queridos hermanos, que para el Señor*
*un día es como mil años, y mil años como un día.*
2 PEDRO 3.8 NVI

Imagina que tu día de trabajo durara tan solo cinco minutos. Apenas tendrías tiempo de fichar e instalarte detrás de tu escritorio. Tal vez te quedarían un par de minutos para comprobar el correo electrónico y, de repente, el día habría acabado. El tiempo volaría.

¿Pero qué ocurriría si tuvieras que parar durante cinco minutos delante de un semáforo? Te parecería una eternidad. Cinco minutos pueden volar o durar para siempre. Todo depende de tu perspectiva.

Para Jonás, pasar unas cuantas noches en el vientre de un pez cambió su perspectiva: pasó de intentar cualquier cosa para evitar a Dios a hacer todo lo posible para seguirlo obedientemente. Para Job, perderlo todo cambió su perspectiva: de disfrutar de los lujos de la vida se vio de rodillas suplicándole a Dios que lo librara. Para Saulo, una luz cegadora cambió su perspectiva de invertir su vida cazando y persiguiendo a los cristianos para derramarla a los pies de la cruz.

Si te sientes preocupada, cargada o abrumada, da un paso atrás y contempla la imagen panorámica. Pide a Dios que te dé algo de su perspectiva. Mantener una visión bíblica de tus circunstancias puede hacer la diferencia entre la paz y la ansiedad, entre la tristeza y el gozo.

*Padre, admito que con frecuencia me dejo desalentar por mis circunstancias. Te ruego que me des una nueva perspectiva y que me ayudes a ver mi vida a través de tus ojos. Amén.*

## QUE SU CREACIÓN ES PARA TU DISFRUTE

### DONNA K. MALTESE

*Cuando contemplo tus cielos, obra de tus dedos, la
luna y las estrellas que allí fijaste, me pregunto:
¿Qué es el hombre, para que en él pienses? ¿Qué
es el ser humano, para que lo tomes en cuenta?*
SALMO 8.3-4 NVI

Cuando reflexionamos sobre el mundo de
nuestro alrededor —la belleza de los árboles,
las montañas, los arroyos—, nuestra imaginación
queda pasmada. Alzar la mirada a los cielos, contemplar los planetas y las estrellas a años luz de nosotros, hace que nos humillemos. Basta con pensar
que Dios, en su infinita sabiduría, ha creado todas
estas cosas con sus manos poderosas, del mismo
modo en que nos hizo a nosotros.

Ver y contemplar tal magnificencia lo pone
todo en perspectiva. Nuestros problemas parecen minúsculos en comparación con los cielos, la
majestuosidad de los montes y la grandeza de los

árboles. Saber que Dios nos ha favorecido con su gracia, su misericordia y su amor, y que nos ha dado la responsabilidad de cuidar estas cosas que ha puesto en nuestras manos, nos llena de cánticos de alabanza.

Si la vida te está desalentando, si tus problemas parecen insuperables, date un paseo. Mira a tu alrededor, debajo y encima de ti. Respira profundamente. Acércate a un árbol y toca su corteza, examina sus hojas. Baja la vista a tierra, a las arañas, las hormigas y la hierba. Siente la maravilla de la tierra. Dale gracias a él por los cielos —el sol, la luna y las estrellas— por encima de ti. Es lo que Dios ha creado para nosotros, para ti. Alaba su nombre. Él es digno.

*Señor, la hermosura de esta tierra es tan asombrosa. En la gloria de todo lo que has creado, gracias por cuidar tanto de mí, por crear la magnificencia que me rodea y por entregar a tu Hijo, Jesús, por amor a nosotros. Amén.*

# *Hoy Dios quiere que sepas...*

## QUE TE HA HECHO DE FORMA EXCLUSIVA

### JOANNA BLOSS

*Tú creaste las delicadas partes internas de mi cuerpo*
*y me entretejiste en el vientre de mi madre.*
SALMO 139.13 NTV

En el momento en que fuiste concebida se tomaron aproximadamente unos tres millones de decisiones sobre ti. Desde el color de tus ojos y el número de tus muelas de juicio hasta la forma de tu nariz y las ondas de tus huellas digitales, todo quedó determinado en un abrir y cerrar de ojos.

Ahora considera que existen unos seis mil millones de seres humanos vivos en este planeta en la actualidad, y que cada uno de ellos fue tan individualmente elaborado como tú. Si este pensamiento no te deja bastante pasmado, reflexiona sobre esto: se estima que unos cien mil millones de personas han caminado sobre la tierra en total, y cada uno de ellos fue creado de un modo único.

¡Guau! ¿Cómo podríamos empezar a entender siquiera al Dios responsable de todo ello?

Es un gran Dios. Inmenso. Incomparable. Sinceramente, las palabras no le hacen justicia. Y él te hizo a ti. Fuiste entretejida por un Dios único en su especie, asombroso, absoluta e innegablemente loco de amor por ti de pies a cabeza. Intenta meterte esto en la cabeza.

*Padre celestial y Creador, gracias por el asombroso regalo de la vida, por mi exclusividad e individualidad. Ayúdame a usar mi vida como don de alabanza a ti. Amén.*

*Hoy Dios quiere que sepas...*

## QUE TUS MOTIVOS PUROS
## LE BRINDAN GLORIA

### RACHEL QUILLIN

*La obra de cada uno se hará manifiesta; porque el*
*día la declarará, pues por el fuego será revelada; y*
*la obra de cada uno cuál sea, el fuego la probará.*
1 CORINTIOS 3.13 RVR1960

Las iglesias ofrecen muchos lugares donde las
hijas de Dios pueden servir. Existen ámbitos en los ministerios infantiles —guarderías,
clases, programas musicales, o escuela bíblica
vacacional— con falta de obreros dispuestos. Tal
vez ofrecerse voluntaria para limpiar el edificio o
ayudar en el mantenimiento sea una tarea más de
tu estilo. ¿Cuenta tu iglesia con un ministerio de
hogar de ancianos, o de recogida de alimentos?
¿Estás involucrada en ellos?

¿Deseas de veras ayudar en algunos de estos
campos para dar gloria a Dios? Si participas, te

verás bendecida sobre manera. Todos estamos llamados a ser útiles para Cristo. Cuando lo hacemos de buenas ganas y con un corazón de siervo, el gozo que nos llena será indescriptible y perdurable.

Por otra parte, si con nuestro servicio no buscamos más que elogios y reconocimiento de los demás, recibiremos nuestra recompensa, pero no será la bendición de Dios que podría haber sido. Él conoce nuestro corazón. Reconoce nuestros motivos y nos recompensa en consecuencia.

*Señor, quiero servirte con un corazón puro.*
*Que todo lo que haga te dé gloria a ti.*

# *Hoy Dios quiere que sepas...*
## ¡QUE PUEDES!

### JANICE HANNA

*Todo lo puedo en Cristo que me fortalece.*
FILIPENSES 4.13 RVR1960

Si has estado caminando con el Señor por largo tiempo, es probable que puedas citar Filipenses 4.13. Tal vez incluso lo memorizaste durante un tiempo difícil como recordatorio. Sabemos —al menos en nuestra mente— que podemos hacer cualquier cosa en Cristo que nos fortalece. Pero saberlo y creerlo son dos cosas distintas.

¿De veras crees que puedes hacer todas las cosas por medio de Jesucristo? ¿Todas? Si no es así, es muy posible que sigas confiando en tu propia fuerza para llevarlas a cabo. Después de todo, intentar resolver las cosas por nosotras mismas es propio de nuestra naturaleza humana. Pero el mismo Dios que creó los cielos y la tierra está dispuesto a trabajar por medio de ti. ¡Hablando de poder! Está por encima y supera cualquier cosa que pudiéramos pedir o pensar jamás.

Si estás luchando por creer que Dios puede obrar por medio de ti para llevar a cabo grandes cosas, y que lo hará, pasa hoy algún tiempo en oración. Reconoce que has estado intentando hacer las cosas tú sola. Cambia tu actitud de «No puedo» por «¡Puedo!». Luego prepárate para que él te infunda su poder desde lo alto. Sométete plenamente a Aquel que anhela hacer grandes cosas, ¡en ti y por medio de ti!

*Señor, seré la primera en admitir que intento hacer las cosas por mí misma. Suelo dejarte fuera de la ecuación. Hoy, me apoyo en tu fuerza. Recuérdame a diario que todo lo puedo a través de ti.*

## QUE OCURRA LO QUE OCURRA,
## ÉL TE MANTENDRÁ A SALVO

SHANNA D. GREGOR

*Tomen la espada del Espíritu, la*
*cual es la palabra de Dios.*
EFESIOS 6.17 NTV

Un ancla suele estar hecha de metal y se usa para sujetar un barco al fondo de un cuerpo de agua. Resulta interesante notar que el viento y las corrientes no son las mayores fuerzas que un ancla debe vencer, sino el movimiento vertical de las olas.

Dios nos dio la Biblia para que nos sirviera del mismo modo que el ancla lo hace con una nave. Está llena de valiosa información para tu misión en la tierra. La Palabra de Dios puede apaciguar tu mente y mantenerte estable en las tormentas de la vida. La verdad hallada entre sus páginas es tu seguridad de que, independientemente de aquello a lo que te enfrentes en esta batalla de vida, Dios te llevará sana y salva a casa.

Adopta un nuevo enfoque de la Palabra de Dios. Deja que insufle nueva revelación —nueva vida— a tu corazón. Espera que su conocimiento y su comprensión se conviertan en algo personal como si la hubieran escrito solo para ti. Ancla tu alma creyendo en lo que lees y sabiendo que las promesas de Dios aseguran que la victoria es tuya.

*Señor, sé que la Biblia es verdad y que está llena de sabiduría para mi vida. Ayúdame a crecer y entender lo que leo y a aplicarlo a mi vida. Amén.*

## QUE ÉL ES TU SANTUARIO

### LEAH SLAWSON

*Dios, Dios mío eres tú; de madrugada te buscaré; mi
alma tiene sed de ti, mi carne te anhela, en tierra
seca y árida donde no hay aguas, para ver tu poder
y tu gloria, así como te he mirado en el santuario.*
### SALMO 63.1-2 RVR1960

La palabra santuario puede hacerte pensar en
una iglesia, un altar, un lugar de silenciosa
belleza, un lugar de adoración. También puede
venirte a la mente un enclave de descanso y seguridad, donde los animales pueden vivir protegidos.
En distintas épocas de la historia, un santuario era
un sitio de refugio donde incluso los criminales
acusados podían buscar cobijo.

Cristo mismo es nuestro santuario. El salmista
habla de tener hambre y sed, el cuerpo como el
alma. ¿Qué está buscando? A Dios. Es evidente
que no buscaba salvación en la seca y sedienta
tierra donde no había agua, y nosotros tampoco

lo hacemos. Las ofertas del mundo, su consejo y sus sustancias no tienen nada que nos sirva de sustento. La satisfacción solo se puede hallar en la relación con Jesucristo, Aquel que se autodenominó agua y pan de vida. El poder y la gloria de Dios son manifiestos en él. En Mateo 11.28, Jesús nos invita a venir a él y hallaremos descanso para nuestras almas. Cristo mismo es nuestro santuario, el lugar de descanso, protección y refugio.

*Señor Jesús, perdóname por buscar descanso
y satisfacción en el desierto de este mundo.
Gracias por ser mi santuario.*

*Hoy Dios quiere que sepas...*

## QUE TÚ ERES UNA CARTA DE SU PARTE

MARILEE PARRISH

*Son una carta de Cristo [...]. Esta «carta»*
*no está escrita con pluma y tinta, sino con el*
*Espíritu del Dios viviente. No está tallada en*
*tablas de piedra, sino en corazones humanos.*
2 CORINTIOS 3.3 NTV

La mayoría de nosotras no puede pasar un solo
día, o incluso unas pocas horas, sin chequear
su correo electrónico. Es rápido, gratis y práctico.
¿Pero nos es cierto que cuando vas al buzón de
correo, te encanta descubrir la carta de una buena
amiga entre todo el montón de facturas? ¿Verdad
que te arregla el día? Una carta física es especial,
porque sabes que el remitente se tomó el tiempo
de pensar en ti y se molestó en comprar un sello y
escribirte una nota preciosa de su puño y letra. ¡Es
mejor que cualquier email que puedas recibir!

Todas hemos oído decir que, en ocasiones,
somos la única Biblia que una persona leerá jamás.

Somos una misiva de Cristo. Cuando compartes tu fe, o incluso en tus relaciones cotidianas, intenta siempre ir esa milla de más con las personas. Supera el «rápido, gratis y práctico». Sé más que un correo electrónico: una preciosa carta de Cristo y tómate el tiempo de hacerles saber ¡cuánto las ama y las valora el Señor, y tú también!

*Padre, ayúdame a hacer que las personas que están en mi vida se sientan amadas y queridas. Ayúdame a recordar que soy una carta de tu parte cuando interactúo con otros. Amén.*

## QUE PUEDES ENTREGARLE TUS PROBLEMAS

LEAH SLAWSON

*Temblad, y no pequéis; meditad en vuestro corazón estando en vuestra cama, y callad.*
SALMO 4.4 RVR1960

Cuando nos inunda una oleada de ira, las palabras suelen salir de nuestra boca en un tono que ofende a los demás. Tal vez llegamos hasta el punto de cerrar las puertas de un portazo, gritar e incluso lanzar cosas. En ocasiones, la ira es inevitable; ¿pero tiene que ser pecaminosa y destructiva?

El salmista nos dice de guardar silencio cuando sintamos que la ira brota en nosotros, que meditemos en nuestra cama cuando nos enfrentemos al enfado. Cuando hacemos una pausa para reflexionar, para ir a un lugar tranquilo donde estar a solas con Dios y permanecer calladas, estamos escogiendo dejar que él tome control de la situación. Estamos reconociendo nuestra debilidad y dándole a él la oportunidad de exhibir su fuerza en nosotros. Al acudir a Dios con respecto a nuestro enfado, abrimos la puerta para que él nos calme y nos revele la verdad de la situación que nos ha airado. Al entregar nuestros sentimientos de enfado, dejamos lugar para la paz.

¿Qué situaciones de tu vida hacen que la ira estalle en tu corazón? Antes de experimentar el calor del momento, entrega esos problemas a Dios. Él preparará tu corazón para que trates cada situación en la forma que él quiere que lo hagas.

*Señor, capacítame para confiar en ti por completo en cuanto a mi ira y protégeme del pecado.*

*Hoy Dios quiere que sepas...*

## QUE TAMBIÉN SE ENCARGARÁ
## DE LAS PEQUEÑAS COSAS

PAMELA MCQUADE

*Y Daniel habló y dijo: Sea bendito el
nombre de Dios de siglos en siglos, porque
suyos son el poder y la sabiduría.*
DANIEL 2.20 RVR 1960

Cuando Dios nos hace pasar por una prueba,
¿le adoramos con gran agradecimiento o
tomamos esa bendición como un derecho propio?
Aunque Dios es grande, le disgusta tanto como a
nosotros que no se le tenga en cuenta.

Ante el requerimiento de que describiera el
mal sueño del rey Nabucodonosor o se enfrenta-
ría a la muerte inminente, Daniel no se preocupó
ni se regodeó en la autocompasión. En vez de
ello, convocó a sus tres mejores amigos para una
reunión de oración. En medio de la noche, Dios
contestó sus oraciones, revelando el sueño de

Nabucodonosor a Daniel, el más sabio entre los sabios del rey babilonio.

La primera y agradecida respuesta de Daniel, en medio de su alivio, consistió en alabar al Señor por haber salvado su vida. Atribuyó a Dios el reconocimiento por su gracia salvífica aun antes de comparecer ante el rey que había amenazado con matarlo.

Podemos creer que nuestro Señor responde en este tipo de situaciones de vida o muerte, ¿pero confiamos en que él se encarga también de los problemas más pequeños? Y cuando contesta a una situación corriente, ¿le damos gracias?

*Hazme agradecida, Señor, por todas las formas en que me bendices y cuidas de mí. No quiero que mi vida esté repleta de ingratitud. Amén.*

## QUE ERES SU MAYOR CREACIÓN

JANICE HANNA

*Cuando contemplo tus cielos, obra de tus dedos, la*
*luna y las estrellas que allí fijaste, me pregunto:*
*¿Qué es el hombre, para que en él pienses? ¿Qué*
*es el ser humano, para que lo tomes en cuenta?*
SALMO 8.3-4 NVI

¿Dedicas algún tiempo a pensar en la inmensidad de Dios? ¿En su grandeza? ¿Su majestad? Cuando reflexionas en su creación —los cielos, la luna y las estrellas— ¿te sientes minúscula comparada con ella? ¿Te preguntas cómo, en medio de tanta grandeza, él incluso recuerda tu nombre, por no hablar de los detalles de tu vida o los problemas que atraviesas?

Hija de Dios, eres importante para tu Padre celestial, más relevante que el sol, la luna y las estrellas. Dios te ha creado a su imagen y se preocupa por ti. De hecho, le importas tanto que envió a su Hijo, Jesús, para ofrecer su vida en sacrificio por tus pecados.

La próxima vez que alces tus ojos a los cielos, que te quedes pasmada ante una montaña majestuosa o las olas color esmeralda que se estrellan contra la costa, recuerda que estas cosas, en todo su esplendor, no tienen comparación contigo, la mayor creación de Dios.

*Oh Padre, al contemplar todo lo que has creado, me siento tan abrumada ante quien eres. ¿Quién soy yo para que pienses dos veces en mí? A pesar de todo, lo haces. Me amas, ¡y te estoy eternamente agradecida por ello!*

*Hoy Dios quiere que sepas...*

## QUE ÉL ES TU BUEN PASTOR

EMILY BIGGERS

*Has tomado nota de las vueltas y vueltas que he dado en mis noches de insomnio, has inscrito cada lágrima en tu registro, has apuntado cada dolor en tu libro.*
SALMO 56.8
[TRADUCCIÓN LIBRE DE LA VERSIÓN
THE MESSAGE]

En el cielo ya no habrá más tristeza. Las lágrimas serán cosa del pasado. De momento, vivimos en un mundo caído. Hay aflicciones y decepciones. Algunas de nosotras somos más propensas a llorar que otras, pero todas tenemos razones para llorar en alguna ocasión.

Clama a Dios cuando te encuentres dando vueltas por la noche, o cuando las lágrimas empapen tu almohada. Él es un Dios que ve, que sabe. Es tu Abba Padre, tu papito.

El corazón del Padre se cuele cuando lloras, pero él ve la imagen panorámica. Dios sabe que las pruebas devastadoras producen perseverancia en su amada hija, y que esta persistencia resulta en un carácter fuerte.

¿Te preguntas alguna vez si Dios se ha olvidado de ti y ha dejado que te las arregles tú sola? Quédate tranquila, porque no te ha abandonado ni por un instante. Es tu Buen Pastor, y tú eres su oveja. Cuando te extravías, pasa todas y cada una de las noches llamándote. Si eres creyente, conoces la voz del Buen Pastor.

Shhhh... Escucha... Te está susurrando un mensaje de consuelo en este mismo instante.

*Padre, recuérdame que eres un Dios que ve mi dolor. Jesús, te doy gracias porque entregaste tu vida por mí. Espíritu Santo, consuélame en los momentos de profunda tristeza. Amén.*

## QUE ÉL ES TU ESCONDITE

### EMILY BIGGERS

*Tú eres mi escondite; me proteges de las dificultades*
*y me rodeas con canciones de victoria.*
SALMO 32.7 NTV

Todas necesitamos un lugar de descanso. La vida es ajetreada y estresante. Mira a tu alrededor y escoge un sitio donde reposar. Puede ser tu dormitorio, tu sala de estar, un parque, tu jardín trasero, un patio o una azotea, o incluso el diminuto balcón de un apartamento.

Cuando hayas encontrado la ubicación física para descansar, recurre a Jesús. Él es tu escondite, un puerto, la tranquilidad, un abrazo de Dios mismo. Entrégale tus preocupaciones, tus problemas y tus preguntas al Señor. Ofrécele también tu alabanza y tu gratitud. Cuando tu día haya sido especialmente largo, cuando te sientas sola, vacía y sin esperanza, pide a tu Salvador que cante sobre ti. Él promete rodearte con cánticos de liberación.

Así como la madre canta nanas y mece a su bebé para dormirlo, tu Redentor anhela esconderte de las presiones de este enorme mundo y darte un descanso apacible. Aférrate a Jesús. Él será un escondite para ti todos los días de tu vida.

*Jesús, sé mi refugio, mi lugar de descanso. A veces me siento tan sola, tan cansada de intentar, intentar, intentar. Quita mis cargas. Rodéame con cánticos de liberación, te lo ruego. Amén.*

# QUE FUISTE CREADA PARA REÍR

SHANNA D. GREGOR

*Nuestra boca se llenó de risas; nuestra*
*lengua, de canciones jubilosas.*
SALMO 126.2 NVI

Los comediantes dedican su vida a hacer reír
a los demás. Desde los actores famosos en
las pantallas de cine hasta el payaso de la clase
en una escuela secundaria local, nos tomamos un
momento para pasarlo bien con ellos. En ocasiones, las muchas preocupaciones de la vida nos
impiden bajar la guardia, relajarnos y disfrutar de
las pequeñas cosas de la vida que nos aportan gran
gozo y risa.

Sienta bien reírse, desde una pequeña risita
que una guarda para sus adentros hasta la buena y
gran carcajada. Es un maravilloso alivio del estrés
y relaja la tensión. ¿Cuántas veces te has visto en
una situación incómoda, o una postura estresante,

y ha surgido la risa? Alivia la tensión y calma nuestro corazón y nuestra mente.

Como hijas del Creador mismo, fuimos hechas para reír, para experimentar gran gozo. Nuestro diseño no incluía que arrastráramos estrés, preocupación o pesadumbre todos los días. ¿Cuándo fue la última vez que te echaste una buena risa? ¿Te has reído tanto alguna vez que las lágrimas han rodado por tus mejillas? ¡Adelante! ¡Pásatelo bien! Pídele a Dios que te dé una buena risa hoy.

*Señor, ayúdame a volver a descubrir la risa.
Ayúdame a aprovechar cada oportunidad que me
brindes para ver el gozo en la vida y el humor
que aporta a mi mundo cada día. Amén.*

## QUE SE REUNIRÁ CONTIGO A ALTAS HORAS DE LA NOCHE

JANICE HANNA

*Bendeciré al Señor, quien me guía; aun*
*de noche mi corazón me enseña.*
SALMO 16.7 NTV

Para nosotras, las mujeres, las horas nocturnas suelen ser difíciles. Cuando el caos del día se asienta y ponemos la cabeza sobre la almohada, damos rienda suelta a los pensamientos... con respecto a todo. Problemas. Cuestiones de relación. Preocupaciones de trabajo. Decisiones. Los «y si». Los «debería haber». Algunos de nuestros pensamientos vagan durante horas. Damos vueltas y vueltas en la cama, y el sueño no llega.

Si te ocurre esto, si para ti la noche es difícil, es hora de cambiar tu forma de pensar. En lugar de considerar la noche como algo problemático, tómala como un momento de intimidad con el

Señor. Él anhela reunirse contigo a altas horas de la noche. Quiere ahuyentar cualquier preocupación innecesaria y proporcionarte todo lo que necesites para dormir como un bebé.

¡Qué alentador saber que Dios anhela guiarnos, aconsejarnos! Él sabe perfectamente que la noche es difícil. Por tanto, en lugar de sentir ansiedad cuando te acuestas, pasa ese tiempo con él. Usa las horas nocturnas como momento especial con Dios. Encuéntrate con él y espera recibir su consejo.

*Señor, las noches son difíciles a veces. Quiero confiar en ti. Quiero reposar mi cabeza en la almohada y dormirme rápidamente. Pero las preocupaciones de la noche me abruman. Padre, confío en tu consejo. Háblame en la noche. Instruye mi corazón.*

*Hoy Dios quiere que sepas...*

## QUE ESTÁ CENTRADO EN TU VIAJE

### MANDY NYDEGGER

*Adóralo y sírvelo de todo corazón y con una mente dispuesta. Pues el Señor ve cada corazón y conoce todo plan y pensamiento. Si lo buscas, lo encontrarás.*

1 CRÓNICAS 28.9 NTV

El criterio de Dios con respecto al éxito difiere ampliamente de la opinión del mundo. Dios pide que nos entreguemos a él en adoración. Hallamos nuestro éxito en la seria búsqueda de Dios y siguiendo sus mandamientos.

Por otra parte, el mundo dice que debemos tener un buen empleo, ganar mucho dinero, comprar los juguetes más actuales, y centrarnos en nuestra propia felicidad. Al mundo no le preocupa cómo logremos estas cosas. Si debemos ser superficiales, no importa. Si hemos de mentir aquí o allá, no hay problema. Si nos vemos obligadas a fingir lo que no somos, ¿qué más da?

A Dios le importa. Él ve nuestro corazón y conoce nuestros motivos, buenos o malos. La forma de pensar del mundo se centra en los elementos tangibles del éxito. Un buen auto, un empleo fantástico y una gran casa son indicativos de éxito, independientemente de cómo los hayamos conseguido. Por el contrario, el enfoque de Dios está en nuestro viaje. Tal vez no vivamos en la casa más grande de toda la manzana, quizá ni siquiera tengamos un auto, pero estas cosas no son importantes para él. A sus ojos, los indicadores del verdadero éxito son que lo adoremos y lo sirvamos con todo nuestro corazón, que seamos genuinos y sinceros, y le busquemos de buen grado.

*Amado Señor, enséñame a buscarte con buena disposición, con motivos sinceros. Te ruego que me ayudes a concentrarme en agradarte a ti en lugar de procurar el éxito según los estándares mundanos. Amén.*

## *Hoy Dios quiere que sepas...*

# QUE ÉL TE MOSTRARÁ EL CAMINO

### LEAH SLAWSON

*El camino de los rectos se aparta del mal; su
vida guarda el que guarda su camino.*
PROVERBIOS 16.17 RVR1960

Escribe unas cuantas palabras, haz clic con el
ratón un par de veces y se te dirigirá a cualquier sitio del mundo. Con el mínimo esfuerzo
darás con instrucciones paso a paso, mapas y hasta
imágenes por satélite de los lugares adonde quieras
ir y del mejor itinerario para llegar hasta ellos. Lo
único que necesitas es un punto de partida y un
destino final.

La vida es un viaje y vamos transitando por
una autopista hacia un destino final. Existe un
camino que nos llevará adonde queramos ir, pero
también muchas oportunidades de tomar desvíos:
el pecado nos distrae de la senda que Dios ha
dispuesto para nosotros.

No obstante, ¡se puede encontrar el rumbo! Con frecuencia, en la soledad, la reflexión y el autoexamen oímos hablar a Dios. En esos momentos de oración nos mostrará las direcciones equivocadas que hemos tomado y nos dará la oportunidad de regresar a él. Volverá a ponernos en el camino correcto.

Pregúntale a Dios qué quiere para ti. ¿Cuál es el destino para tu corazón? ¿Estás en la senda correcta? ¿Necesitas establecer algunos límites para que puedas oír mejor su voz? Él está listo para mostrarte el camino.

*Padre, ayúdame a estar quieta, a sentarme en silencio y prestar atención a tu voz. Muéstrame los límites que necesito para mi vida y dame la gracia de arrepentirme cuando me extravíe.*

*Hoy Dios quiere que sepas...*

## QUE SE REUNIRÁ CONTIGO
## DONDEQUIERA QUE ESTÉS

DARLENE FRANKLIN

*Y el hombre [Adán] y su mujer se escondieron*
*de la presencia del Señor Dios entre los*
*árboles del huerto. Mas el Señor Dios llamó*
*al hombre, y le dijo: ¿Dónde estás tú?*
GÉNESIS 3.8-9 RVR1960

A lo largo de toda la Biblia, Dios nos hace
preguntas, y nos invita al diálogo con él. Su
primera interrogación a Adán y Eva los llamó a
una toma de conciencia. ¿Dónde estás tú? Ni que
decir tiene que Dios sabía dónde estaba la pareja
aquella noche. Inquirió para hacer que se dieran
cuenta del lugar en el que se encontraban.

Dios nos espera a la hora señalada. Ronda
sobre la última guía de estudio de la Biblia y
el diario de oración de hermosas ilustraciones.
Anhela escuchar las palabras que se derraman de

nuestro corazón. Permanece ansioso por hablarnos a través de su Palabra escrito y del Espíritu Santo. Sin embargo, demasiadas páginas del diario permanecen en blanco, y el marcador de la Biblia no cambia de lugar.

Dios sigue susurrando: ¿Dónde estás tú? Dios quiere pasar tiempo con nosotros, pero con demasiada frecuencia nos escondemos entre los árboles de nuestro jardín, las rutinas de la vida cotidiana. Tenemos correos electrónicos por contestar, reparaciones por hacer en el auto, ropa que lavar, el teléfono suena esperando respuesta, y, de nuevo rompemos una cita con Dios. Cuantas más veces lo hagamos, más fácil nos resultará olvidarlas.

Tómate un momento para responder a la pregunta de Dios. Él se reunirá contigo dondequiera que estés.

*Amado Padre celestial, enséñame la disciplina de pasar tiempo contigo. Haz que escuche y responda cuando tú llamas. Amén.*

# QUE ANHELA PASAR TIEMPO CONTIGO

## DENA DYER

*Observé todo lo que ocurría bajo el sol, y a decir verdad, nada tiene sentido, es como perseguir el viento.*
ECLESIASTÉS 1.14 NTV

Lo único que Ashley quería de verdad era algún tiempo de tranquilidad para sentarse en el columpio de su porche para hacer su devocional. No había hecho más que sentarse cuando su celular emitió un bip, indicándole que tenía que comprobar el buzón de voz. Entre sus mensajes había recordatorios de reuniones en el trabajo, una cita con el veterinario para su gato, la despedida de soltera de una amiga cercana, la invitación para una demostración de utensilios de cocina, una petición para que se prestara voluntaria en la guardería de la iglesia. Lo suficiente para que el corazón se le acelerara en el pecho. Inmediatamente se olvidó de su lectura y comenzó con la tarea de organizar todos aquellos eventos en su calendario.

Siempre habrá cosas que hacer, gente que requiera nuestro tiempo. Podemos convertirnos en perseguidores del viento y centrarnos en todo lo que el mundo nos llame a hacer. Pero Jesucristo también quiere nuestro tiempo. No quiere que nos sintamos agobiadas o estresadas. Pídele a Dios que te ayude a ver las cosas necesarias e importantes de tu vida mientras dejas que él te ayude a centrarte en aquellas mejores que él desea para ti.

*Amado Dios, ayúdame a priorizar las tareas en mi vida y a ser capaz de negarme a las actividades que me apartan de lo que tú has planeado para mí.*

## QUE TU CUERPO FUE CREADO
## PARA ADORARLO A ÉL

### JULIE RAYBURN

*Por lo tanto, hermanos, tomando en cuenta la
misericordia de Dios, les ruego que cada uno de
ustedes, en adoración espiritual, ofrezca su cuerpo
como sacrificio vivo, santo y agradable a Dios.*
ROMANOS 12.1 NVI

«Espejito, espejito que me ves, la más hermosa de todas, dime, ¿quién es?». Labios
voluminosos. Rostro sin arrugas. Cuerpos talla
treinta y ocho. Nuestra cultura adora el atractivo
físico. Dios creó nuestro cuerpo. ¿Cuál debería ser
nuestra actitud hacia este? ¿Adoptamos la opinión
del mundo o el diseño de Dios?

La sociedad adora el cuerpo y descuida el
espíritu. Podemos ser igualmente culpables de
dedicar mucho tiempo, dinero y energía intentando perfeccionar nuestro cuerpo. La gente se fija en

la apariencia exterior, pero Dios mira el corazón. ¿Qué estamos haciendo para asegurarnos de que nuestro corazón sea aceptable para él? Dios creó el cuerpo como templo de nuestro espíritu. Así como la ostra protege la perla, nuestro cuerpo es un mero caparazón físico que protege la verdadera joya: nuestra alma eterna.

Dios creó nuestro cuerpo para que pudiéramos adorarlo a él en espíritu. Al ofrecerlo como sacrificio vivo, estamos adorando a nuestro Creador. Sacrificio significa dejar a un lado nuestras propias necesidades por amor a otro. Se elimina el énfasis sobre nuestro cuerpo físico de manera que nuestro valor espiritual pueda tener la prioridad. ¡Ojalá que Dios nos enseñe a poner nuestro cuerpo en la perspectiva adecuada para que pueda ser usado para su gloria y no solo para que los demás lo aprecien!

*Amado Señor, ayúdame a desear ofrecer mi cuerpo a ti en adoración espiritual. Amén.*

# *Hoy Dios quiere que sepas...*
## QUE ÉL ES TODO LO QUE TÚ NECESITAS

### JANICE HANNA

*¿A quién tengo en el cielo sino a ti? Si estoy contigo, ya nada quiero en la tierra. Podrán desfallecer mi cuerpo y mi espíritu, pero Dios fortalece mi corazón; él es mi herencia eterna.*
SALMO 73.25-26 NVI

¿Sientes alguna vez que tu corazón es débil? ¿Como si no fueras fuerte? ¿Te vas a pique con cada pequeña cosa? ¿Te enfrentas a los retos de la vida con tus emociones agitadas en vez de hacer de cabeza, con valor y fuerza? Si es así, no estás sola. A las mujeres del siglo XXI se nos dice que podemos «ser y hacer lo que queramos», pero esto no es cierto. La intención de Dios para nosotras nunca consistió en que fuéramos fuertes en todos los momentos de nuestra vida. Si esto fuera así, no lo necesitaríamos a él.

He aquí las buenas noticias: no tienes por qué ser fuerte. En tu debilidad irrumpe el resplandor de la fuerza de Dios. Y esta sobrepasa cualquier cosa que tú pudieras producir, incluso en el mejor de tus días. Es la misma fortaleza que creó los cielos y la tierra con una palabra. La que dividió el mar Rojo en dos. La que recorrió la cuesta de la colina hasta la cruz.

¿Cómo accedes a esa fuerza? Solo existe un camino. Entra en su presencia. Pasa algún tiempo de reflexión con él. Reconoce tu debilidad; a continuación, permite que sus brazos fuertes te envuelvan. En verdad no hay nada en el cielo ni en la tierra que se pueda comparar a esto. Dios es todo lo que necesitarás en tu vida.

*¡Padre, me siento tan débil en ocasiones! Resulta difícil hasta poner un pie delante del otro. Pero sé que tú eres mi fuerza. Vigorízame con esa fuerza hoy, Señor.*

# QUE TUS MÚSCULOS ESPIRITUALES
## NECESITAN EJERCICIO

TINA KRAUSE

*No seas sabio en tu propia opinión; más bien,*
*teme al Señor y huye del mal. Esto infundirá*
*salud a tu cuerpo y fortalecerá tu ser.*
PROVERBIOS 3.7-8 NVI

¿Te sientes hecha polvo? ¿Has perdido tu fervor espiritual? ¿Necesitas un empujón en tu cuerpo y tu espíritu?

Obedecer los principios de Dios y vivir de acuerdo con ellos produce vida y salud. Así como nos ejercitamos para fortalecer el cuerpo, debemos usar nuestros músculos espirituales para lograr la fuerza, la paz y la prosperidad que todos necesitamos y deseamos.

Un antiguo proverbio declara: «Quien tiene salud tiene esperanza; y quien tiene esperanza lo tiene todo». A medida que oramos, leemos y meditamos en la Palabra de Dios, aumentamos nuestra resistencia espiritual. Aunque nuestras circunstancias no cambien, el Señor nos proporciona una nueva perspectiva llena de la esperanza y la seguridad de las que antes carecíamos. Ejercitar nuestra fe produce carácter y un fundamento más fuerte de confianza en el Señor.

Considera esto: un medicamento que se guarda durante demasiado tiempo en el botiquín pierde su potencia; la cinta protectora llega a perder su adhesivo; la pintura vieja se endurece dentro de la lata. ¿Cuándo fue, pues, la última vez que sacudiste los viejos huesos y empezaste a moverte? ¡El ejercicio del cuerpo y el espíritu puede ser exactamente la medicina que necesitas!

*Amado Señor, te ruego que me ayudes a salir de mi rutina espiritual y física. Te pido que, al procurar tu fuerza, revivas mi alma y toques mi cuerpo con tu poder sanador. Amén.*

## QUE LO TIENE TODO CUBIERTO; ¡TODO!

### JANICE HANNA

*Bendice a mi familia; mantén tus ojos sobre ellos siempre. ¡Tú mismo has prometido que lo harías, Dios, mi Señor!¡Haz que tu bendición esté sobre mi familia de forma permanente!*

2 SAMUEL 7.29

[TRADUCCIÓN LIBRE DE LA VERSIÓN THE MESSAGE]

Dios es absolutamente digno de confianza. Piensa en esto por un momento. Cuando no podemos fiarnos de los demás, sí podemos confiar en él. Dios está atento a cada uno de nosotros en todo tiempo. Lo tiene todo bajo control, sobre todo cuando nosotros aflojamos la mano.

¿Sabías que puedes confiar en Dios para tu propia vida y la de los miembros de tu familia? Y esto incluye a todas y cada una de las personas que la componen. Padres, abuelos, hermanos, hijos, tíos, tías, todos. Pueden confiar en el Señor en cuanto a sus sueños, sus metas, sus aspiraciones, sus actitudes, sus reacciones, sus problemas. Puedes depositar tu confianza en él para que se encargue de cualquier problema de relaciones. Dios lo tiene todo cubierto. Todo.

Vuelve a comprometerte hoy a confiar en Dios con toda tu familia. No te preocupes, no intentes arreglar a las personas. No te corresponde a ti hacerlo. Y, además, Dios está atento a todos. Así lo afirma y puedes creerlo. Bendecir a tu familia forma parte de su plan maestro... ¡y lo hará permanentemente!

*Señor, confieso que a veces lucho cuando algo atañe a mi familia. Quiero arreglar a las personas, la situación. Gracias por recordarme que tienes grandes planes no solo para mí, sino también para los miembros de mi familia.*

*Hoy Dios quiere que sepas...*

## QUE ÉL TE AYUDARÁ A SUPERAR CUALQUIER COSA

SHANNA D. GREGOR

*Mediante su divino poder, Dios nos ha dado todo lo que necesitamos para llevar una vida de rectitud.*
2 PEDRO 1.3 NTV

Las personas te necesitan, tu familia, tus amigos. Añadir sus necesidades a tus compromisos en la escuela o el trabajo puede ser, en ocasiones, demasiado. Tal vez tu jefe te exija que inviertas horas extras en un proyecto, o tu hermana precisa tu ayuda con una fiesta de cumpleaños familiar.

Cada uno tira de ti para un lado y esto puede tenerte dando vueltas. Sin saber cómo tiras para adelante, sin saber muy bien de dónde te viene la fuerza, pero agradecida al final del día por haberlo logrado.

En estas situaciones no solo estiras tu cuerpo físico hasta el límite, sino también tu mente y tus emociones. El estrés puede hacerte sentir como la uva en el lagar. Pero hay buenas noticias. Dios te ha dado todo lo que necesitas, pero tú tienes que escoger utilizar la sabiduría que te ha proporcionado. No temas a decir que no cuando sientas que no puedes añadir ni una cosa más a tu lista de quehaceres. Limita tus compromisos, pide a alguien que tome apuntes para ti en una reunión a la que no puedas asistir, o comparte automóvil con alguien que comparta las actividades extraescolares con tu hijo.

Alivia la presión en lo que puedas y ten presente que su poder se encargará del resto.

*Señor, ayúdame a hacer lo que pueda; confiaré en ti para aquello que no puedo llevar a cabo. Amén.*

*Hoy Dios quiere que sepas...*

## QUE TU CORAZÓN TE DEFINE

### EMILY BIGGERS

*Ellos no son del mundo, como tampoco lo soy yo.*
JUAN 17.16 NVI

El mundo envía a diario mensajes a las mujeres. Deberías ser delgada y con una maravillosa melena larga y suelta. Deberías estar casada con un hombre —alto, moreno y, claro está, apuesto— y deberías llevar en el dedo anular un resplandeciente diamante. Deberías oler al mejor y más caro perfume. Si quieres que te amen, deberías vestirte de cierta forma, hablar de un modo concreto y vivir en un barrio en particular.

Pero los creyentes en Cristo no son de este mundo. Estamos en él, pero no formamos parte del mismo. Aquí solo estamos de paso y el cielo será nuestro hogar eterno. Mientras estemos aquí, en la tierra, debemos evitar creer lo que el mundo nos susurra al oído. Qué importa si no eres hermosa a los ojos del mundo. Dios te ve como su bella hija, ¡lo suficientemente importante como para dar la vida de su Hijo por ti! Una mujer no se define por los diamantes ni los perfumes, sino por su corazón. Si está dirigido hacia Jesús, sus destellos superarán a los de cualquier diamante.

*Padre, recuérdame hoy que me desconecte y sintonice con lo que tú has dicho sobre mí. Amén.*

# QUE SE OFRECIÓ A SÍ MISMO GRATUITAMENTE

### PAMELA MCQUADE

*El Espíritu y la novia dicen: ¡Ven!; y el que escuche
diga: ¡Ven!. El que tenga sed, venga; y el que
quiera, tome gratuitamente del agua de la vida.*
APOCALIPSIS 22.17 NVI

¿Has notado últimamente que muchas cosas
«gratuitas» conllevan un montón de compromisos? Busca en la Web y descubrirás decenas
de anuncios que ofrecen un artículo supuestamente gratuito si haces algo a cambio. En nuestro
mundo, pocos son los que en realidad quieren
desprenderse de algo.

Pero Jesús entregó su vida terrenal sin que se
lo pidiéramos ni le pagáramos por ello de antemano. El amor lo llevó a dar todo lo que podía para
atraer a algunos a él. Aunque sabía que muchos

rechazarían su regalo, Jesús se ofreció a sí mismo gratuitamente.

Los beneficios están todos de nuestro lado: nueva vida y una relación con nuestro Creador. ¿Qué podemos ofrecer al Omnipotente? ¿Qué podría pedirnos que fuésemos capaces de cumplir? En realidad, nuestro Creador no nos necesita. Sencillamente escoge, por su propia naturaleza generosa, darnos una nueva vida.

Al beber profundamente del agua de vida, reconocemos el gran regalo de Dios. Agradecidas, buscamos formas de servirlo. Pero aunque diésemos todo cuanto tenemos, jamás podríamos compensar a Dios. Su regalo seguiría siendo gratuito.

¿Conoces a personas que podrían utilizar el mejor regalo del mundo que es verdaderamente gratuito? ¡Háblales de Jesús!

*Gracias, Señor, por darme un regalo verdaderamente gratis, el mejor que nadie pudiera ofrecer. Amén.*

## QUE LA ORACIÓN CAMBIA LAS COSAS

LEAH SLAWSON

*El corazón del rey es como un arroyo dirigido por el Señor, quien lo guía por donde él quiere.*
PROVERBIOS 21.1 NTV

En ocasiones, las relaciones pueden ser difíciles. Aunque la comunicación sea buena y ambas personas sean cristianas, sigue habiendo conflicto cuando dos seres humanos mantienen una relación duradera. Niños, padres, compañeros de trabajo o de habitación, amigos, hermanas, exesposos, y parientes políticos pueden frustrarnos en algún momento. Tenemos nuestros propios deseos y metas por cumplir; ellos tienen sus programas y necesidades; y todos tienen egoísmo en su corazón. ¿Cómo superamos los deseos contrapuestos que entran en conflicto unos con otros y dañan nuestras relaciones?

La oración es un ingrediente clave a la hora de perseguir relaciones exitosas. Podemos orar para que se obre un cambio en nuestro corazón y también en el de aquellos con los que estamos en conflicto. Dios puede moldear nuestros afectos, y lo hará, y cambiará la mente de quienes son objetos de nuestra oración. Para él no es difícil, aunque con facilidad olvidamos pedir. ¿Qué relaciones necesitan hoy oración en tu vida?

*Padre celestial, no hay nada en mi corazón y en mi mente ni en los de aquellos que amo que tú no puedas cambiar. Vuelve mi corazón hacia ti para que desee lo mejor que tengas para mi vida.*

*Hoy Dios quiere que sepas...*

## QUE A VECES ELIGE PERMANECER EN SILENCIO

JANICE HANNA

*¿Me estás evitando, Señor? ¿Dónde estás cuando te necesito?*
SALMO 10.1 [TRADUCCIÓN LIBRE DE LA VERSIÓN THE MESSAGE]

¿Sientes en ocasiones que Dios está desaparecido en combate? ¿Como si fuera difícil alcanzarlo en los momentos concretos en que más lo necesitas? ¿Te has preguntado alguna vez si el Señor te está evitando realmente en tus épocas de crisis? ¿Si de verdad le preocupa en lo más mínimo lo que estás pasando?

Dios no se dedica a evitar a nadie. Y se preocupa sobremanera por ti. En realidad, te ama profundamente y está contigo en las duras y en las maduras. Si te encuentras en un momento en que su voz parece perderse, tómate el tiempo de escuchar con más atención. Si todavía no puedes oír su voz, recuerda que hay épocas en las que él elige permanecer en silencio. Esto no significa que no esté presente o que no le importas. Nada más lejos de la verdad. Tal vez está esperando para ver si vas a actuar según lo que ya sabes, lo que él ya te ha enseñado.

Si en estos momentos no percibes con claridad la voz de Dios, piensa en la última vez que lo oíste hablar a tu corazón. Actúa en consonancia a lo que te dijo. Limítate a seguir caminando en una fe coherente, en amor y esperanza. No tardarás en volver a escuchar su voz... tan clara como el cristal.

*Señor, clamo a ti hoy. A veces siento que no estás ahí. Hasta que vuelva a escuchar tu voz seguiré creyendo, tendré esperanza y viviré una vida de fe.*

# QUE PUEDES HALLAR SEGURIDAD EN ÉL

### JULIE RAYBURN

*Por lo tanto, ya no hay ninguna condenación
para los que están unidos a Cristo Jesús.*
ROMANOS 8.1 NVI

Toda mujer anhela seguridad. ¿Pero dónde se
puede encontrar, en una amplia cartera de
inversiones, en un trabajo con beneficios o en un
amigo leal? Depositar nuestra confianza en cosas
como estas es como edificar nuestra casa sobre
arena movediza. Las inversiones se desploman.
Los empleos llegan a su fin. Los amigos se mudan.
No hay garantías. Lo que hoy está aquí podría
desaparecer mañana. ¿Es, pues, la seguridad permanente tan solo una ilusión?

Jesucristo es el mismo ayer, hoy y por los
siglos. Él es la Roca y no la arena movediza. Es
inmutable, inalterable. Cristo murió por nosotros
siendo aún pecadores. Al aceptar su regalo de
vida eterna, jamás seremos condenados. Nuestra

seguridad está arraigada en el amor incondicional de Cristo hacia nosotros. No se basa en nuestro rendimiento, sino en quien él es. Nada puede separarnos de ese amor, ni siquiera nuestras elecciones equivocadas o nuestra desobediencia. Nada puede arrancarnos de su mano. Él es nuestro y somos suyos. Nos ha preparado un hogar en el cielo y nos ha dado al Espíritu Santo que mora en nosotros como depósito que garantiza esa promesa.

Esta es la esperanza y la seguridad sobre las que podemos afianzar nuestra vida. ¡Acepta la seguridad eterna que te pertenece en Cristo!

*Amado Señor, mi seguridad es conocerte.*
*¡Gracias por tu imperecedero amor! Amén.*

# QUE EL VERDADERO ENTENDIMIENTO VIENE POR EL OÍR Y OBEDECER

LEAH SLAWSON

*El principio de la sabiduría es el temor del Señor;*
*buen juicio demuestran quienes cumplen sus*
*preceptos. ¡Su alabanza permanece para siempre!*
*Por lo tanto, ya no hay ninguna condenación*
*para los que están unidos a Cristo Jesús.*

SALMO 111.10 NVI

Al vivir en la era de la información podemos caer fácilmente en el engaño de pensar que el conocimiento es la respuesta a todos nuestros problemas. Si nos instruimos bien en un tema en concreto, creemos que podemos dominarlo. Si identificamos todas las facetas de un problema, podemos resolverlo. Pero lo cierto es que el saber no conduce necesariamente a la acción. De ser así, todos comeríamos comida saludable y haríamos ejercicio con regularidad. El conocimiento y la obediencia no son sinónimos. En algún punto entre ambas cosas se halla nuestra voluntad.

Las Escrituras nos enseñan que el temor del Señor —y no el conseguir información— es la fuente de la sabiduría. Santiago 1.22 nos dice que en el oír y obedecer conseguimos un claro entendimiento. Ser un mero oidor de la Palabra significa engañarnos. Ser un hacedor de ella elimina los puntos muertos y mantiene nuestra visión clara. Esta es la parte difícil, porque poner en práctica la Palabra implica arrepentimiento o abandonar nuestros propios programas. Temer al Señor es vivir en reverente sumisión a él, buscar su voluntad y su camino en nuestra vida. Este es el punto de partida para una vida de sabiduría y entendimiento.

*Señor, ayúdame a no ser engañado por confiar tan solo en el conocimiento. Muéstrame los ámbitos en los que he escuchado y no he actuado, y ayúdame a obedecer. Dame un temor reverente de ti.*

## QUE PUEDES CAMBIAR EL MUNDO

### DENA DYER

*Mi mandato es: ¡Sé fuerte y valiente! No tengas
miedo ni te desanimes, porque el Señor tu
Dios está contigo dondequiera que vayas.*
JOSUÉ 1.9 NTV

En la Palabra de Dios vemos cómo mujeres de
todas las profesiones y antecedentes cambian
por gracia y, después, con la ayuda del Espíritu
Santo, transforman a las personas de su entorno.
En el Antiguo Testamento, Dios hace resplandecer su luz sobre una hermosa reina (Ester) que
salvó a toda una generación de personas con su
valentía. En Éxodo, Miriam, la hermana de Moisés, exhorta a sus compatriotas israelitas a adorar.
Y, en el Nuevo Testamento, Lidia y Tabita dirigen
negocios de éxito e invierten sus beneficios en el
ministerio a los pobres.

Dios quiere que tú también cambies el mundo.
¿Te asusta este pensamiento? Cualquiera que sea

la posición a la que Dios te ha llamado, te dotará para la tarea. ¿Eres una mujer de negocios? Te guiará a hacer tu trabajo con integridad y fidelidad. ¿Estás al frente de una clase de niños que te admiran? Dios te proporcionará la energía y creatividad para disciplinarlos, guiarlos y enseñarlos. Quizá te sentiste llamada a ministrar y te preguntaste si habías entendido bien a Dios. Por medio de las circunstancias, las Escrituras y mentores cristianos maduros él te aclarará el camino que tiene para ti.

No temas seguir a Dios dondequiera que te guíe. Las mujeres de todas las épocas han cambiado al mundo, porque permanecieron fieles a Dios y siguieron su liderazgo.

*Señor, ayúdame a ser fuerte y valiente al seguirte dondequiera me lleves. Quiero que me uses para ayudar a cambiar el mundo.*

## *Hoy Dios quiere que sepas...*

# QUE DARLE A ÉL TIENE GRAN RECOMPENSA

### EMILY BIGGERS

*Honra al Señor con tus bienes, y con las primicias de todos tus frutos; y serán llenos tus graneros con abundancia, y tus lagares rebosarán de mosto.*
PROVERBIOS 3.9-10 RVR1960

Tal vez pienses que este versículo no se aplica a ti, porque no te consideras rica. El único fruto que tienes procede del supermercado. Los graneros y los lagares no son, quizá, tu prioridad principal. Sin embargo, esto sí es aplicable a tu vida. Honra al Señor [...] con las primicias de todo.

Nuestro Dios no es un Dios de restos. Él quiere que lo antepongamos a todo. Una forma de honrarlo es darle nuestras «primicias», lo mejor que tengamos para ofrecer. La verdad es que todo cuanto poseemos viene de él. La Biblia nos insta a devolverle al Señor, con alegría, una décima parte de todo lo que ganamos.

Darle al Señor tiene gran recompensa. Tal vez no tengas graneros y, por tanto, no necesites que Dios los llene, pero recogerás los beneficios de otra manera. Cuando los creyentes honran a Dios dándole, podemos confiar en que él proveerá para nuestras necesidades. En Malaquías 3.10 se nos reta a probar a Dios con nuestros diezmos. Empieza con el próximo cheque de tu salario. Rellena en primer lugar el que destinas a la obra del reino de Dios. Comprueba después si él es fiel proveyendo para ti a lo largo del mes.

*Señor, recuérdame a no separar mis finanzas*
*de mi fe. Todo lo que tengo procede de tu mano.*
*Te honraré con mis primicias. Amén.*

*Hoy Dios quiere que sepas...*

## QUE NO HAY NADA QUE ÉL NO PUEDA HACER

LEAH SLAWSON

*En tu mano están mis tiempos; líbrame de la
mano de mis enemigos y de mis perseguidores.*
SALMO 31.15 RVR1960

Nuestra vida se compone de segundos, minutos, horas, días, semanas, meses, y años.
Pensamos en cada uno de estos incrementos en
distintas situaciones. Si miramos un reloj, pensamos en segundos, minutos y horas. Nuestro
calendario nos muestra días, semanas y meses.
En un cumpleaños o en vacaciones reflexionamos
sobre un año. Quizá cavilemos sobre la era en la
que vivimos y en la cultura que nos rodea y que
pertenece a ese marco de tiempo. Podemos obsesionarnos demasiado con el pasado o preocuparnos sobremanera por nuestro futuro. Todo esto es
parte de los tiempos que el salmista pone en las
manos de Dios.

Medita en las manos de Dios que sostienen nuestro tiempo. Son aquellas que crearon el mundo. Las mismas que hicieron a Eva a partir de la costilla que tomaron de Adán. Las que sanaron a los ciegos y los cojos. Las que partieron el pan en el aposento alto. Son las manos que fueron clavadas a la cruz. Las que, por gracia, se extendieron al dubitativo Tomás. Nuestros tiempos, desde los momentos hasta los años, están en las manos del Creador, Sanador, Sustentador, Proveedor, Redentor y Aquel que ama a nuestras almas. No hay nada que él no pueda hacer. Sabiendo esto, el salmista le entrega sus temores a Dios; tú puedes hacer lo mismo.

*Dios de gracia que gobiernas y reinas*
*sobre todos mis días, haz que recuerde que*
*tus amorosas manos me sostienen.*

## QUE AUNQUE LOS MILAGROS NO LLEGUEN, PUEDES SEGUIR CONFIANDO EN ÉL

KATHERINE DOUGLAS

*Dios le dio a Pablo el poder para realizar milagros excepcionales. Cuando ponían sobre los enfermos pañuelos o delantales que apenas habían tocado la piel de Pablo, quedaban sanos.*
HECHOS 19.11-12 NTV

Seguro que no nos equivocamos al decir que ninguna de tus prendas de vestir ha causado jamás una curación sorprendente. Tal vez hayamos presenciado algunas sanidades inexplicables. Oramos y Dios curó a una amiga de cáncer. Quizá Dios haya salvado la vida de alguien en un accidente que se cobró la vida de otros. No obstante, la mayor parte del tiempo este tipo de milagros no suele ocurrir.

Cuando Trófimo, su colega misionero, enfermó, Pablo no recibió milagro alguno para ayudarlo. Cuando Timoteo se quejó de frecuentes problemas estomacales, Pablo no tuvo pañuelo que obrara milagro para su aflicción. El apóstol mismo sufrió de una enfermedad incurable (2 Co 12.7), pero estuvo dispuesto a dejarle el asunto a Dios. Puede ser que nosotros tampoco entendamos por qué Dios sana milagrosamente a otros, pero no a nosotros o a nuestra mejor amiga.

Como Pablo, debemos confiar en Dios cuando no se produce un milagro. ¿Podemos ser tan flexibles como Job, que declaró: «Aunque él me matare, en él esperaré» (Job 13.15 RVR1960)? Sí, podemos; esperando el día en que los problemas de salud y los accidentes graves y la muerte cesen para siempre (Ap 21.4).

*Señor Jesús, cuando la sanidad no llega, danos gracia para confiar más en ti. Amén.*

## QUE ÉL ESTARÁ CONTIGO EN TODOS LOS CAMBIOS DE LA VIDA

### TRACY BANKS

*Jesucristo es el mismo ayer, hoy y siempre.*
HEBREOS 13.8 NTV

Las relaciones pueden cambiar. El trabajo también. Puedes ser de esas personas que cambian los muebles de lugar para dar un nuevo look. Quizá te cambies seis veces de ropa antes de decidir cómo vestirte. Hasta el color de tu pelo puede modificarse como las estaciones. El cambio está por todas partes, y, aunque puede ser positivo, desconocer lo que el futuro nos depara puede ser inquietante.

Sin embargo, hay algo absolutamente inmutable: Jesucristo. Medita hoy en estas verdades sobre él. Permite que su constancia te proporcione paz en un mundo que no cesa de cambiar:

Su palabra no cambiará (1 P 1.25).

Su bondad no cambiará (Sal 100.5).

Sus caminos jamás cambiarán (Is 55.8-13).

Su provisión para sus hijos nunca cambiará (Fil 4.19).

Sus promesas nunca cambiarán (He 6.10-12).

Su misericordia nunca cambiará (Sal 107.1).

Su gracia no cambiará (2 Co 12.9).

Su amor nunca cambiará (1 Co 13).

Los cambios llegarán, pero Jesús estará contigo en cada uno de ellos, y será el mismo siempre y por los siglos.

*Amado Jesús, me consuela saber que seguirás siendo el mismo en todos los cambios de mi vida. Amén.*

## QUE PUEDES CONFIARLE TUS PLANES

TINA C. ELACQUA

*Pon todo lo que hagas en manos del
Señor, y tus planes tendrán éxito.*
PROVERBIOS 16.3 NTV

Una mujer ambiciosa planificó toda su vida a una temprana edad. Determinó que conseguiría su licenciatura en derecho a los veinticinco años, se casaría al cumplir los veintiocho, se convertiría en socia de su bufete a los treinta y cinco y se jubilaría a los cincuenta. Cuando sus planes fracasaron, se sintió bastante decepcionada.

¿Tienes planes para tu vida?

El Señor desea que los tengamos. Nos alienta a tener aspiraciones, metas y esperanzas; sin embargo, nos proporciona una estructura para ir desarrollándolos y poniéndolos en marcha. Dios quiere que los llevemos a cabo en colaboración con su voluntad para nosotros. Estos proyectos deberían estar en línea con su plan; con su propósito global para nuestra vida; con nuestros dones espirituales, capacidades, intereses y talentos; y su momento perfecto. Dios no nos pide que nos ciñamos con demasiada estrictez al plan, sino que se lo confiemos o encomendemos a él. Cuando sometemos nuestro plan al Señor, él lo afianzará o lo «hará firme». No se puede impedir la voluntad de Dios; por tanto, su propósito, su plan y su obra quedarán establecidos. No hay por qué inquietarse; tan solo confía tus planes al Señor.

*Señor, te doy las gracias porque no tengo por qué preocuparme con respecto a mi vida, mi futuro o mis planes. Ayúdame a someterme por completo a tu plan, sabiendo que es imposible frustrarlo. Amén.*

*Hoy Dios quiere que sepas...*

## QUE PUEDES AFLIGIRTE Y TENER ESPERANZA

JOANNA BLOSS

*Tampoco queremos, hermanos, que ignoréis acerca
de los que duermen, para que no os entristezcáis
como los otros que no tienen esperanza.*
1 TESALONICENSES 4.13 RVR1960

Cuando Lázaro murió y Jesús llegó a la casa familiar, Marta, la hermana del fallecido corrió a su encuentro. Su dolor era palpable cuando cayó a sus pies.

«¿Por qué has tardado tanto?», sollozó. «Se ha ido».

Jesús sabía que Marta y su hermano volverían a reunirse; de hecho lo harían en breve. Sin embargo, a pesar de conocer este dato, se conmovió visiblemente ante el dolor de ella. Lloró. Su corazón sufrió por aquellos a los que amaba.

Algunas veces, como cristianos, se nos da la impresión de que la aflicción o el llanto implican en cierto modo que no confiamos en Dios. Que no creemos que él lo tenga todo bajo control. No obstante, en 1 Tesalonicenses 4, cuando Pablo enseña sobre la muerte, habla con claridad: afligíos, pero no sin esperanza. Tal vez tu corazón está apesadumbrado por una pérdida reciente. ¡Adelante! Llora todo lo que quieras. Jesús siente tu dolor y tus lágrimas son preciosas para él. Pero cuando estés apenada, asegúrate de no perder tu esperanza en la venida de nuestro Señor.

*Jesús, gracias por la hermosa imagen de cuantísimo nos amas y cómo sientes nuestro dolor. Cuando esté apenada, ayúdame a no perder la esperanza. Amén.*

## QUE TU CONVERSACIÓN TIENE
## IMPACTO EN LAS VIDAS

NICOLE O'DELL

*No dejes que nadie te considere menos por ser
joven. Sé ejemplo para los creyentes en tu hablar,
en tu conducta, en amor, en fe y en pureza.*
1 TIMOTEO 4.12 PDT

Dios escucha las conversaciones de sus hijos,
independientemente de lo jóvenes o viejos
que sean. Al pasar tiempo juntos y conversar unos
con otros, nuestro Padre se interesa por nuestras
conversaciones y quiere que sean de bendición y
enriquecimiento para la vida de los participantes.

Las conversaciones sazonadas de fe y pureza, como se indica en 1 Timoteo 4, establecen
un marcado contraste con las charlas impías del
mundo actual. Este se ve oscurecido por las quejas
contra Dios, por el cinismo, la incredulidad y los
cotilleos, cosas que no le honran. Su corazón sufre

cuando usamos palabras que destrozan a otros en lugar de comunicar la verdad que alienta.

Él quiere que nos edifiquemos unos a otros con las palabras que usamos. La verdadera comunión centrada en Cristo tiene lugar cuando todos los implicados se sienten alentados y fortalecidos en su fe. Y debemos recordar siempre que los incrédulos observan y escuchan, procurando descubrir a Cristo en la vida de todos los que profesamos su nombre. Comparamos la fidelidad, la bondad y el amor de Dios, porque nuestras conversaciones tienen un impacto en la vida de todos aquellos a los que alcanzamos.

*Jesús, te ruego que toques mis labios y que no permitas que pronuncien nada deshonroso. Guíame y dame gracia y discernimiento en mis conversaciones para que siempre te agraden y brinden gloria a tu nombre. Amén.*

*Hoy Dios quiere que sepas...*

## QUE TUS METAS DEBERÍAN DARLE GLORIA

TRACY BANKS

*Hermanos, yo mismo no pretendo haberlo ya
alcanzado; pero una cosa hago: olvidando
ciertamente lo que queda atrás, y extendiéndome
a lo que está delante, prosigo a la meta, al premio
del supremo llamamiento de Dios en Cristo Jesús.*
FILIPENSES 3.13-14 RVR1960

Muchas mujeres establecen metas y prioridades personales. Tus objetivos a largo plazo
pueden incluir el desarrollo profesional, una buena
forma física o pérdida de peso, o algún sueño
particular que esperas lograr. También es posible
que tengas una lista de prioridades a corto plazo,
como pasar más tiempo leyendo la Palabra de
Dios, implicándote en un ministerio de la iglesia
o incluso prestarte voluntaria en un albergue local
para mujeres.

Los nuevos objetivos y prioridades siempre se
hacen con buenas intenciones. En ocasiones, quizá

te quedes atrás en algunas de tus metas o incluso descuides unas cuantas de tus prioridades. Sin embargo, puedes lograr estas metas, independientemente de lo que hayas hecho en el pasado. Nunca es demasiado tarde para volver a empezar; puedes llevar a cabo cualquier cosa con la ayuda de Dios.

Como hija de Dios, tus metas deberían siempre ser las que glorifican al Padre. Esfuérzate continuamente por alcanzar tus metas piadosas con fe y perseverancia, y un día lograrás tu objetivo y tu premio eterno será una de las mayores recompensas celestiales.

*Amado Dios, ayúdame a aspirar*
*continuamente a los sueños y metas que tú*
*has colocado en mi corazón. Amén.*

## QUE A MEDIDA QUE CONFÍES EN ÉL, TU FE IRÁ EN AUMENTO

### EMILY BIGGERS

*Ahora bien, la fe es la garantía de lo que se espera, la certeza de lo que no se ve.*
### HEBREOS 11.1 NVI

A diario ejercitamos la fe en lo que no se ve. Cuando entramos en un ascensor, no podemos ver los cables que impiden que nos desplomemos. Cuando cenamos en un restaurante no es usual ver al chef cara a cara. Sin embargo, confiamos en él o ella en la preparación de nuestra comida. Cuando vamos de compras, usamos tarjetas de crédito y depositamos fe en el banco que está al otro lado de la ciudad para que respalde nuestros pagos.

Los cristianos estamos llamados a la fe espiritual. Dios está siempre presente en nuestras vidas, aunque no podamos verlo con nuestros ojos. ¿Has descubierto que es más fácil hablar de confiar en él que vivirlo en nuestra vida cotidiana?

El Señor comprende las limitaciones de nuestra humanidad. Cuando los discípulos le pidieron a Jesús que les aumentara su fe, la respuesta debió tranquilizarlos: «Si ustedes tuvieran una fe tan pequeña como un grano de mostaza [...], podrán decirle a este árbol: Desarráigate y plántate en el mar, y les obedecería» (Lc 17.6 NVI). La semilla de mostaza es la más diminuta de todas; sin embargo, hasta una fe de ese tamaño puede llevar a cabo grandes cosas.

Con toda seguridad, no fue casualidad que Cristo escogiera una semilla como ejemplo al enseñar sobre la fe. Las simientes tienen un solo propósito: crecer. Al confiar en él y descubrir que Dios es consistentemente fiel, tu fe aumentará.

*Padre, no puedo verte con mis ojos, pero sé que estás ahí. Siento que estás obrando en mi vida y a mi alrededor. Aumenta mi fe, te lo ruego. Amén.*

*Hoy Dios quiere que sepas...*

## QUE PUEDES BENDECIRLO AÚN EN TIEMPOS DIFÍCILES

JANICE HANNA

*Bendigo a Dios en cada oportunidad que tengo;*
*mis pulmones se expanden con su alabanza.*
SALMO 34.1
[TRADUCCIÓN LIBRE DE LA VERSIÓN THE MESSAGE]

Resulta difícil imaginar bendecir a Dios en medio de una batalla o cuando estamos sufriendo. Sin embargo, él quiere que lo bendigamos en todo tiempo: cuando el fregadero está atascado, cuando los cobradores llaman, cuando las cosas no salen como estaba previsto en el lugar de trabajo, cuando luchamos contra el desaliento o tenemos problemas de salud. ¿La solución a cualquier prueba? ¡Bendecir a Dios!

¡Existen tantas formas en las que podemos bendecir al Señor! En primer lugar, podemos evitar los sentimientos de amargura cuando alguien nos perjudica. Bendecimos en verdad su corazón cuando dedicamos tiempo a su Palabra y a ponerla en práctica. Cuando buscamos lo bueno de cada persona o situación, bendecimos a Dios. Y la gloriosa exhibición de la naturaleza puede ser también un catalizador para la bendición. Una mañana brumosa, un pájaro bañándose, un niño que se ríe. Todas estas son cosas que provocan las bendiciones de un corazón agradecido.

Haz una lista de todas las razones que tienes para bendecir a Dios. A continuación, ¡repásala pronunciando palabras de gratitud y alabanza por lo que él ha hecho en tu vida!

*Señor, ¡hay tanto por lo que agradecerte! Haz que nunca me pierda las pequeñas cosas a mi alrededor. ¡Que yo pueda bendecirte, no solo cuando las cosas van bien, sino en todo tiempo! ¡Que tu alabanza esté de continuo en mis labios!*

## QUE ÉL EXTIENDE PERDÓN HACIA TI

### DENA DYER

*Esdras lloró, se postró delante del Templo de Dios. Mientras oraba y confesaba, una multitud de los hombres, mujeres y niños de Israel se congregó alrededor de él. Todo el pueblo lloraba ahora como si se les fuera a romper el corazón.*

ESDRAS 10.1

[TRADUCCIÓN LIBRE DE LA VERSIÓN THE MESSAGE]

El pecado no es un tema políticamente correcto en la actualidad. A pesar de ello, Dios habla sobre él en toda su Palabra. La Biblia dice que odia el pecado y que envió a su Hijo a morir en la cruz para salvarnos de los resultados que provoca: nuestra separación eterna de Dios.

Los pecados pueden ser «grandes» (asesinato, adulterio), o «pequeños» (chismorrear, envidiar), pero a los ojos de Dios son todos iguales. Por esta razón necesitamos su sacrificio, su justicia. Solo por medio de la muerte de Jesús en la cruz podemos ser reconciliados con Dios.

A Satanás le encanta recordarnos nuestros pecados para hacer que nos sintamos culpables. Adora que nos regodeemos en ellos. Pero Dios nunca pretendió que actuáramos así. Él quiere que confesemos nuestras faltas —cada día, ¡cada hora si es necesario!— recibamos su perdón y sigamos viviendo con un fervor renovado.

¿Qué pecados nos han separado hoy de Dios? Acerquémonos al trono de la gracia para poder recibir su perdón. Él anhela que nos acerquemos a él, y nos cubrirá con la vestidura de justicia de Jesús, para que no tengamos que sentir ya más la culpa o la vergüenza.

*Señor, perdóname por los pecados que he cometido hoy. Haz que siempre sea consciente de tu gracia y tu perdón para que pueda compartir tu amor con otros.*

## QUE LAS PERSONAS LO NECESITAN EN SU VIDA

JULIE RAYBURN

*Cuando vio a las multitudes, les tuvo compasión, porque estaban confundidas y desamparadas, como ovejas sin pastor.*
MATEO 9.36 NTV

Mira de cerca a la gente a tu alrededor. Las apariencias externas son engañosas. Bajo las sonrisas forzadas hay un corazón que revela una historia distinta. Sin rumbo. Deambulan. Perdidos. Muchos no tienen ni idea de por qué están aquí, de lo que están haciendo ni de adónde van. El dolor, el temor y la ansiedad son sus compañeros constantes. Son como ovejas sin pastor.

Necesitamos los ojos del Señor para ver el corazón de las personas. La compasión será, entonces, la que nos impulse a extender nuestros brazos. La gente necesita saber que se les ama incondicionalmente. Tienen que comprender que Dios tiene un propósito para su vida. Han de tomar conciencia de que él puede guiarlos por el viaje de la vida. Precisan la esperanza de la vida eterna y la seguridad de un hogar celestial. En otras palabras, las personas necesitan al Señor.

Todos somos ovejas con necesidad del Buen Pastor. Vive tu vida delante de los demás con autenticidad y humildad. Permíteles ver la paz de Dios en tiempos de prueba, el consuelo del Padre en momentos de dolor, la esperanza del Salvador en épocas de incertidumbre. Sé real para que puedas señalar a otros el camino hacia Cristo. Extiende tu mano y presenta a alguien al Buen Pastor.

*Amado Señor, abre mis ojos para ver a las ovejas perdidas a mi alrededor. ¡Que yo pueda ser usada para presentártelas a ti, el Buen Pastor! Amén.*

## QUE TE CONCEDERÁ SABIDURÍA

### RAMONA RICHARDS

*Su esposa, Abigail, era una mujer sensata y hermosa.*
1 SAMUEL 25.3 NTV

Abigail es la única mujer en toda la Biblia de la que se menciona su cerebro antes que su hermosura. ¡Y qué bien lo utilizó! Se presentó ante un rey furioso y su ejército y lo calmó tan solo con sus palabras. Regresó a casa al final del día, pero escogió sabiamente el momento adecuado para informar a su pendenciero marido de las noticias. Su sabiduría y su gracia la hicieron tan memorable que, a la muerte de su esposo, David envió a buscarla y se casó con ella.

Con la vida estresante y acelerada que vivimos hoy, podríamos creer fácilmente que las mujeres de la Biblia tienen poco que enseñarnos. Después de todo, vivieron hace miles de años, sin los quebraderos de cabeza del mundo actual. A pesar de ello, nuestras preocupaciones no son tan distintas.

Seguimos inquietándonos por nuestras familias procuramos actuar de forma responsable ante los ojos de Dios y nos esforzamos por hacer nuestro trabajo con diligencia.

Y la sabiduría para manejar este desasosiego sigue procediendo de la misma fuente: Dios. Así como le concedió sensatez a Abigail para apaciguar al rey, el Señor nos concederá la sabiduría y la inteligencia para ocuparnos de cualquier cosa que el mundo de hoy nos lance.

Solo tenemos que pedirlo.

*Señor, gracias por las bendiciones en mi vida. Concédeme la sabiduría y la gracia para ocuparme de mi familia, mi hogar y mi trabajo en formas que reflejen mi amor por ti y mi fe en ti. Amén.*

## QUE LA FUERZA CONSISTE
## EN DEPENDER DE ÉL

LEAH SLAWSON

*Porque así dijo el Señor, el Santo de Israel: En
descanso y en reposo seréis salvos; en quietud
y en confianza será vuestra fortaleza.*
ISAÍAS 30.15 RVR1960

Afírmate, trabaja duro, progresa, habla más alto
y cree en ti misma. Así es como el mundo define la fuerza personal. Pero la Palabra de Dios da
una visión paradójica de la fuerza. Descanso, quietud y confianza, palabras que reflejan un estado de
dependencia.

En esencia, la fuerza consiste en depender de
Dios. Llega cuando reconocemos nuestra debilidad y nuestra necesidad de Dios. Cuando nuestro
pecado nos abruma, nos arrepentimos y acudimos
a él en busca de perdón. Cuando estamos agotados
de intentar conseguir su favor, nos detenemos y

recordamos que solo tenemos que recibir su gracia. A solas, le oímos hablar y aprendemos a orar. Al llegar al final de nuestra autosuficiencia, confiamos en él con respecto a nuestras necesidades. Cuando estemos dispuestos a ser vaciados de nuestro «yo», será cuando él pueda llenarnos con su vida. En 2 Corintios 12.9 (RVR1960), leemos: «Y me ha dicho: Bástate mi gracia; porque mi poder se perfecciona en la debilidad. Por tanto, de buena gana me gloriaré más bien en mis debilidades, para que repose sobre mí el poder de Cristo».

¿En qué ámbitos de tu vida necesitas depender más de Dios?

*Padre, recuérdame hoy que no me estás pidiendo que sea fuerte, sino que dependa de ti. En mi debilidad, tú serás fuerte. Ayúdame a regresar, reposar, escuchar y confiar.*

## QUE NADIE SENTIRÁ POR TI UN
## AMOR COMPARABLE AL SUYO

### EMILY BIGGERS

*Porque no tenemos un sumo sacerdote incapaz*
*de compadecerse de nuestras debilidades, sino*
*uno que ha sido tentado en todo de la misma*
*manera que nosotros, aunque sin pecado. Así que*
*acerquémonos confiadamente al trono de la gracia*
*para recibir misericordia y hallar la gracia que nos*
*ayude en el momento que más la necesitemos.*
### HEBREOS 4.15-16 NVI

No hay nada como una hermana. La tengas o no, sin duda habrás descubierto a una en el viaje de la vida. Una hermana es alguien que te comprende. Cuando tienes éxito, se alegra; si fracasas, está ahí para ayudarte a recomponerte. Cuando estás en necesidad, no tienes que suplicar su ayuda. Siente tu dolor y quiere ayudarte de cualquier forma posible. A veces te entiende mejor incluso que un progenitor, porque su edad es más cercana a la tuya y ha pasado por algunas de las cosas que tú estás experimentando.

Ni siquiera el amor de una hermana se puede comparar al de Cristo. Comoquiera que estés luchando, tienes ayuda a tu disposición por medio de Jesús. Nuestro Salvador caminó por esta tierra durante treinta y tres años. Era completamente Dios y plenamente hombre. Se le ensuciaban las uñas. Sentía hambre. Conocía la debilidad. Fue tentado. Se sintió cansado. Sabe de qué va esto.

Acércate con valentía al trono de la gracia como hija de Dios. Ora en el nombre de Jesús pidiendo que derrame su gracia y su misericordia en tu vida.

*Padre, te pido con valentía, en el nombre de Cristo, que me ayudes. Amén.*

## QUE ÉL ES EL DIRECTOR DE LA
## SINFONÍA DE TU VIDA

JANICE HANNA

*Esta es la oración al Dios de mi vida:*
*que de día el Señor mande su amor, y*
*de noche su canto me acompañe.*
SALMO 42.8 NVI

¿Has pensado alguna vez en tu vida como
una sinfonía? Hay algunos altos y también
bajos. Existen momentos in crescendo, cuando
todo parece encajar en su lugar, y otras épocas pianissimo en que todo entra en una silenciosa calma.
Y en medio de todo esto se encuentra el Director,
batuta en mano, dirigiendo. Él toma las decisiones. Indica a los músicos cuándo tocar con furia y
cuando aminorar y detenerse.

Dios es el director de tu vida. Durante el día
—cuando se toman la mayoría de las decisiones
vitales— allí está él, guiándote, conduciéndote. Y,

por la noche, cuando su dirección tal vez no parez- ca tan clara, su cántico te rodea.

Empieza hoy a ver tu vida como una sinfonía con muchos movimientos. Permite que el Señor —tu Director— te guié por los altos y bajos, los momentos in crescendo y los pianissimo. Luego, cuando caigan las sombras nocturnas, escucha con atención el cántico con el que te rodea.

*¡Oh Padre! Casi puedo escuchar ahora la música. Gracias por recordarme que mi vida es una sinfonía y que tú eres el Director. No quiero llevar la batuta, Señor. Tómala de mis manos. Dirígeme de día y rodéame con tu cántico de noche.*